追寻亚历山大大帝的足迹

〔法〕戴海丝·达维森 著

〔法〕克利斯提昂·艾利施 绘

朱子璇 译

人民文学出版社
PEOPLE'S LITERATURE PUBLISHING HOUSE

著作权合同登记：图字 01-2020-2197 号

Author: Marie-Thérèse Davidson, Illustrator: Christian Heinrich

Sur les traces d'Alexandre le Grand

© Gallimard Jeunesse, Paris, 2002

图书在版编目（CIP）数据

追寻亚历山大大帝的足迹 /（法）戴海丝·达维森著；
（法）克利斯提昂·艾利施绘；朱子璇译 . -- 北京：人
民文学出版社，2024. --（历史的足迹）. -- ISBN 978-
7-02-018861-1

Ⅰ. K835.407=2

中国国家版本馆 CIP 数据核字第 2024M7Z820 号

责任编辑　卜艳冰　杨　芹
封面设计　汪佳诗

出版发行　人民文学出版社
社　　址　北京市朝内大街 166 号
邮政编码　100705

印　　制　安徽新华印刷股份有限公司
经　　销　全国新华书店等

字　　数　63 千字
开　　本　889 毫米 × 1194 毫米　1/32
印　　张　4
版　　次　2024 年 8 月北京第 1 版
印　　次　2024 年 8 月第 1 次印刷

书　　号　978-7-02-018861-1
定　　价　49.00 元

如有印装质量问题，请与本社图书销售中心调换。电话：010-65233595

致朱莉和泰奥。

——戴海丝

致小亚历山大和他的哥哥安托万。

——克利斯提昂

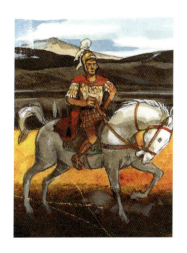

目　录

永别了，欧罗巴	1
首战	11
向神的国度前进	23
在波斯帝国中心	35
背叛的时刻	47
穿越充满敌意的地区	59
印度：已知世界的边际	71
沿河而下，进军海洋	83
在苏萨城的婚礼	95
史诗的终结	107
从历史到神话	116
图片来源	118

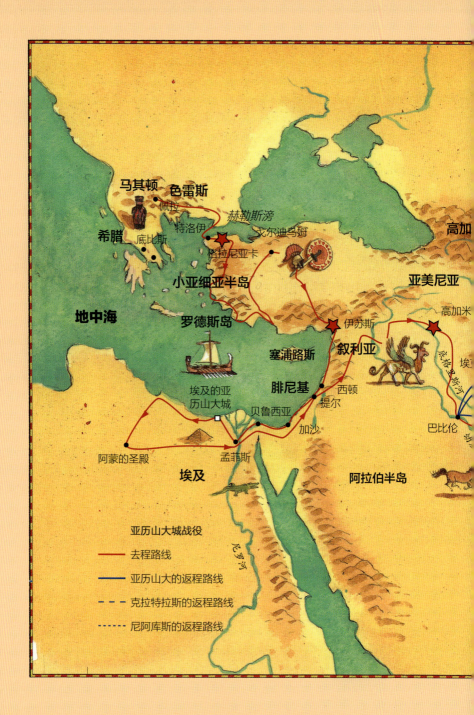

马其顿
色雷斯
佩拉
赫勒斯滂
特洛伊
戈尔迪乌姆
希腊
底比斯
格拉尼亚卡
高加
小亚细亚半岛
亚美尼亚
地中海
罗德斯岛
高加米
伊苏斯
塞浦路斯
叙利亚
底格里斯河
腓尼基
西顿
埃及的亚
历山大城
提尔
阿蒙的圣殿
贝鲁西亚
加沙
巴比伦
孟菲斯
埃及
阿拉伯半岛

尼罗河

亚历山大城战役
—— 去程路线
—— 亚历山大的返程路线
---- 克拉特拉斯的返程路线
······ 尼阿库斯的返程路线

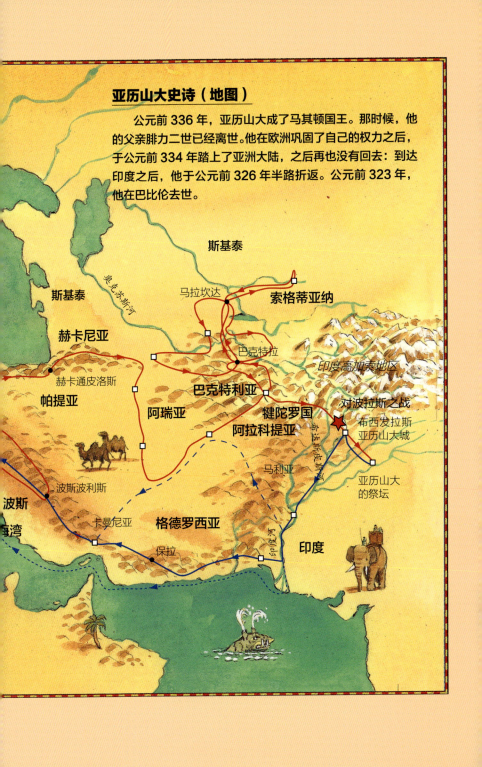

亚历山大史诗（地图）

公元前 336 年，亚历山大成了马其顿国王。那时候，他的父亲腓力二世已经离世。他在欧洲巩固了自己的权力之后，于公元前 334 年踏上了亚洲大陆，之后再也没有回去：到达印度之后，他于公元前 326 年半路折返。公元前 323 年，他在巴比伦去世。

斯基泰

斯基泰

俄克苏斯河

马拉坎达

索格蒂亚纳

赫卡尼亚

巴克特拉

印度高加索地区

赫卡通皮洛斯

帕提亚

巴克特利亚

阿瑞亚

犍陀罗国
阿拉科提亚

对波拉斯之战

布西发拉斯
亚历山大城

印度斯河

波斯波利斯

马利亚

亚历山大的祭坛

波斯湾

卡曼尼亚

格德罗西亚

保拉

印度河

印度

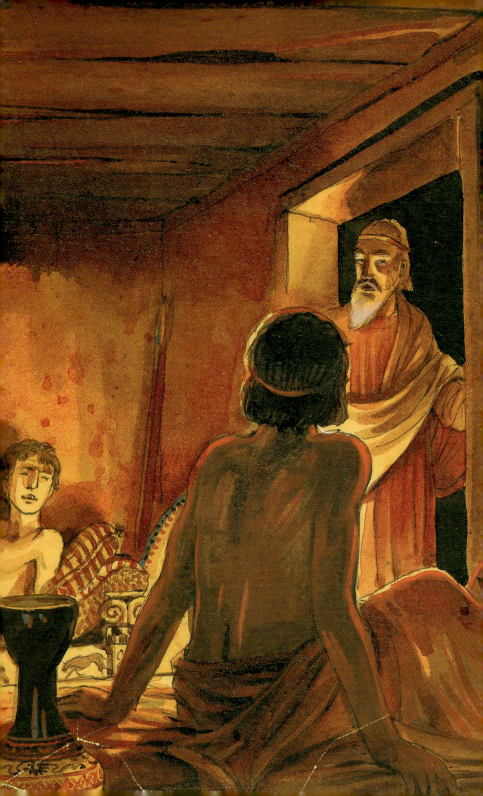

永别了，欧罗巴

亚历山大站立在**舰首**，凝神远望。远处的海岸正越来越清楚地显露出来。他头也没回，声音微微颤抖地向他的同伴低声说："赫费斯提翁，你看啊，我们终于到亚洲了！我这个**阿喀琉斯**的继承者是希腊人的新英雄！"

"希腊人啊希腊人……追随我们的希腊人可不多！"

"我知道，他们不怎么喜欢我们，就在昨天，还有几个人把我们当成是**蛮族**。两年前，父亲被暗杀了，我就成了**马其顿人**的国王。那时，雅典人德摩斯梯尼对我冷嘲热讽，说我是小愣头青。不过，那段日子已过去了，他们也明白了谁是最强大的人，谁才配成为他们的领导者。"

亚历山大转过身，大大地张开双臂，拥抱在清朗天空下漂浮着的无数船帆。

赫费斯提翁的目光追随着他的朋友。在波光粼粼的海面上，有一百六十

舰首：船舰的前端。

阿喀琉斯：古希腊神话中的半神，母亲是海洋女神忒提斯。在对特洛伊的战争中，他是最骁勇的希腊战士，他也是荷马史诗《伊利亚特》中的主要人物。

蛮族：古希腊人、古罗马人用以指别的族群，认为他们既不会说希腊语，也不了解民主。

马其顿人：位于希腊东北部的马其顿王国的居民。他们说希腊语，但受到国王的统治。

艘**三层桨座战船**和四十艘行舰正运载着三万名步兵和四千骑兵。这支优秀的军队大部分是由马其顿人和他们吵吵闹闹的北方盟军组成，希腊人甚至都不敌这支优秀军队的四分之一兵力。于是，许多希腊人（据说有五万人）都加入了波斯的大流士军队。他们之所以选波斯的阵营，主要是出于对亚历山大大帝的憎恨，又或是因为贪财图利。要知道，大流士可是位腰缠万贯的大国王。

赫费斯提翁又转头看他的同伴，此时他正凝视着海岸。但他真的在看吗？他嘴角挂着一丝微笑，仿佛沉浸在自己的思绪里。

说真的，在亚历山大的父亲腓力二世去世后，希腊人忙不迭地想要忘记他们跟马其顿王国签订的条约。唉，这些希腊人，他们总是反抗，总是分裂！一个城邦接着另一个城邦轮番占领希腊，但从不长久。在这些持续不断的战斗中，没一个人有远大的计划！如今的希腊人与**特洛伊战争**和**米底战争**中的战士再也没有任何共同之处了。不过很幸运，腓力二世有雄心壮志，是他对波斯发动了战争。这就是马其顿王国的宏伟计划，再次发动米底战争，把占领希

三层桨座战船：有三层桨手的战船，速度快且易于操作。

特洛伊战争、米底战争：据神话传说，在小亚细亚半岛上，希腊人联合起来，赢得了对特洛伊的战争。而米底战争是公元前米底王国对抗波斯的战争。

腊城邦的波斯人赶出去。要实施这项计划，他首先进行了军队改革，将马其顿军队改造成所向披靡的队伍。随后，他成功自命为希腊人的首领将军。

亚历山大作为腓力二世的继承人，接过了战斗的火炬，他将会到达比他父亲梦之所至更远的地方。

赫费斯提翁看到年轻的国王脸上浮现的笑容，说："你在想征服希腊人的方法吗？"

"没有，我没再想这个了。此外，因为底比斯城被毁，他们变得更机灵了……你知道我也不喜欢提这件事。要是底比斯的人没有试图去驱赶我们大本营的驻军，一切问题都会变得更简单……甚至在这之后，要是他们不那么顽固，而是来请求我的原谅的话，我会很乐意地接纳他们。但这对希腊人来说可是个危险的例子，因此……"

底比斯城被洗劫的情景还历历在目。士兵们进入城邦之后，发起了猛烈进攻：女人、孩子、老人，无一人幸免，甚至那些在**圣殿**里避难的人也都被杀死。随后，整座城邦被夷为平地，幸存者都被贬为奴隶。

圣殿：献给神的地方。人可以在圣殿里避难，并受到神的神圣庇护。

只有极少数人逃了出去，他们对外讲述的故事对亚历山大十分有利：这样希腊人才会明白，最好还是要跟马其顿人交好。

当人在追求一个如此伟大的目标时，还能出于恻隐之心而随便停下来吗？亚历山大做到了铁石心肠。他随着赫费斯提翁的视线望过去，后者正在凝神远眺逐渐消失的希腊海岸。

"你在想什么呢？"

"我在想我们的高山，我们在孩提时的奔跑……你还记得吗？"赫费斯提翁面露带着嘲讽的笑。

"我们现在都变得善良柔软了，那时候当老莱昂尼达在深夜叫醒我们，让我们训练远足时……我们可是咒骂不已呢！"

两个年轻人开怀大笑。确实，马其顿的教育十分残酷：他们要训练出精干的士兵，因为将来有一天，他们会去统领军队。

"而你呢，他监督你比我们要严格得多，因为他想让腓力二世高兴。"

"而我们可怜的母亲，她们无非是想让我们过得稍微好一点！他却把我们的蛋糕和糖果都私吞了！"

两人陷入了沉默之中，思乡之情让他们格外思念自己的母亲。亚历山大对他的母亲奥林匹亚丝怀有无尽的爱。他们还不到二十岁，童年就已经如此遥远了吗？

亚历山大打破沉默："但他没能阻止我们读书，因为我的父亲也同样喜欢阅读。"

"这确实是我们仅有的、能休息的时刻了。感谢你，**荷马**！"

"你又在说笑吧。要我说，是我自己没法和《伊利亚特》分开。"

"我可没开玩笑，你是新阿喀琉斯，你自己说过的呀。我会努力成为你的**帕特洛克罗斯**……"

两位友人相互拥抱着，但指引桨手的信号锣逐渐变快的节奏把他们从惺惺相惜的氛围中拉回现实。战船正在缓慢地转向，准备靠岸了！

亚历山大握着长枪，纵身一跃落到

荷马：《伊利亚特》和《奥德赛》的作者，这两本书都是所有希腊人的必读书目。

帕特洛克罗斯：阿喀琉斯的密友。在《伊利亚特》中，他的死让阿喀琉斯痛苦发狂。

岸上，所有护卫队的士兵纷纷鼓掌喝彩。他们非常信任自己的首领：毫无疑问，他很快会是这片土地的主人，没有什么能阻挡他的武器！

国王转过身来面对他们，眼睛闪闪发光。有这样一支军队在，他能闯遍天涯海角！

但他很清楚，他们需要神的庇佑。他命人在海岸上架起祭台，在祭台上摆放祭品，祭献登陆的保护神**宙斯**，以及**雅典娜**和**赫拉克勒斯**。接着，在帕曼纽将军的督促下，剩下的队伍也都上岸了。此时，亚历山大带领一小拨随从往特洛伊城的雅典娜神庙走去，他们要去把圣衣交给雅典娜。传言说，作为回报，亚历山大在特洛伊战争期间拿走了神庙中的盾牌，让**近卫队**用它来保护自己。据说，那个盾牌是特洛伊战争期间献给女神的圣物。最后，他前往阿喀琉斯之墓，去献上了一顶金王冠。赫费斯提翁这边也对帕特洛克罗斯做了同样的事，他对亚历山大喊道："你会实现伟大的功绩，我请众神作见证！"

亚历山大回答道："但谁会来歌颂这些功绩呢？谁会是我的荷马呢？"

宙斯： 古希腊神话中的诸神之王，权倾天下。

雅典娜： 宙斯的女儿，战争女神和智慧女神。

赫拉克勒斯（或赫丘力）： 这位英雄是宙斯的儿子，死后被封为神。

近卫队： 保镖。

特洛伊战争和米底战争 发生在希腊和亚洲大陆之间，为亚历山大提供了范例。特洛伊战争具有传奇色彩，荷马在《伊利亚特》中对该战争的著述使其变得不朽。米底战争则是希腊人对抗波斯人的战争，属于真实的历史事件，发生在公元前 5 世纪初。

希腊的温泉关狭路

希腊重装甲步兵

特洛伊战争

海伦被特洛伊王子帕里斯抢走，希腊人前来报仇。在希腊战士之中，王中之王阿伽门农和半神阿喀琉斯是极为醒目的。与他们面对面交战的是特洛伊最强勇士——帕里斯的哥哥赫克托耳。

阿喀琉斯的挚友帕特洛克罗斯

他被赫克托耳杀死了。为了报仇，阿喀琉斯杀死了赫克托耳，并把赫克托耳的尸体拖在战车后面，极尽凌辱。赫克托耳的尸体被阿喀琉斯的挚友帕特洛克罗斯的影子所笼罩。

第一次米底战争

亚洲大陆上的希腊城邦被波斯人占领，这些城邦起兵反抗，雅典给他们派去增援部队。大国王大流士一世决定远征，向希腊人报仇。但公元前490年，他的军队在马拉松被打败。

"我这个阿喀琉斯的继承者是希腊人的新英雄！"

第二次米底战争

大流士一世的儿子薛西斯重新开始他父亲的伟业。他拥有一支庞大的军队，其中船队数量惊人。

温泉关战役

斯巴达国王列奥尼达和三百名甲兵一直抵抗到了最后一刻，但无济于事。公元前480年，雅典人将波斯舰队引诱到萨拉米斯海峡，在那里把他们全部歼灭。战争最终于公元前479年在普拉提亚结束，以希腊的胜利告终。

阿喀琉斯驾驶战车拖着赫克托耳的尸体

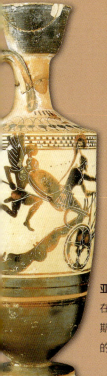

一个希腊人（站立的人物）和一个波斯人的搏斗

亚历山大：战争继承者

在亚历山大穿越赫勒斯滂（达达尼尔海峡的古称）时（公元前334年），他接替了米底战争中的希腊人，也接替了特洛伊战争的英雄：战士中最骁勇善战的阿喀琉斯（据说是亚历山大的祖先）和希腊诸王之王阿伽门农。

首战

亚历山大真是命运女神心爱的孩子啊！她蒙蔽了波斯人的双眼：大流士三世不屑一顾，甚至都没有打算去阻止亚历山大的军队在亚洲上岸。实际的情况是，马其顿人的"小国王"的步兵数量居然比预期的要多许多！

罗德斯岛的门农是大流士手下杰出的希腊将军，他想避免一场不平等的交战，于是试图说服大流士不要与对方战斗，只需毁掉所有收获的粮食，好让亚历山大的士兵饿死。但是，他的提议被粗暴地拒绝了。这是个多好的主意啊！但亚历山大的幸运女神一直在帮助他……

在格拉尼亚卡的河边，两方军队之间剑拔弩张。波斯人聚集在河岸边，监视着不断接近的马其顿人。亚历山大正欲把军队部署成战斗队形，腓力的前任将军帕曼纽过来说："国王，这条河很难渡过去，我们的军队受水流所困，会很难组成有秩序的队形，波斯人的骑兵肯定不费吹灰之力就能把我们击溃！我们不如

过几日再说吧。"

亚历山大有些不悦，回答道："帕曼纽，这些情况我都知道，假如在这么一条小河面前我就准备退缩，那就长了波斯人的士气！"

于是，亚历山大命帕曼纽去指挥左翼大军，他自己则前往右翼大军。在前方，他部署了骑兵和轻步兵，在中间是重装**方阵**。对面，波斯大军在地势很高的河岸上，形成居高临下的阵势，他们很轻易就根据耀眼的盔甲认出亚历山大的军队，于是就在对面的河岸聚集起来。

方阵：重兵器步兵队（配有盔甲、长枪和盾牌）。

因为士兵们都在害怕接下来要发生的战争，所以两方在短暂的一段时间里对峙着，寂静无声。

　　但是，亚历山大大喊着战斗口号，军队也逐渐高呼口号应和。他率领右翼大军勇敢地冲进河里，小心翼翼地顺着水流形成一条大前线，一边抵抗敌军，一边靠岸。波斯大军的**枪林弹雨**或迎面射来，或从天而降。马其顿大军的境遇不妙，他们的长枪抵御不了对方的标枪，而且河底很滑，无法给他们足够的支撑。

枪林弹雨：指一切投射出的武器，比如离弦的箭和投掷出的轻型标枪。

　　在第一场进攻中，死伤无数。但是亚历山大依然没有停下，他重新组织了军队。甚至连两军战士的坐骑也在战斗：人和人在马上战斗，马和马互相冲撞，人马胶着在一起，难分胜负。亚历山大在同一时间内左右突击，多次受伤，幸好都不严重。

情况开始扭转，马其顿大军把握住了时机！骑兵成功上岸，踏上了干燥的土地，为步兵开路。而敌军的队形被步兵突破了，开始大溃退。亚历山大任由波斯骑兵逃走，他更想消灭步兵，因为步兵基本都是由希腊人组成的。两万名**外国雇佣兵**中，仅有两千成为战俘，其他人都被消灭了。

当天晚上，马其顿的将军们和军官们都聚在营帐里讨论着："我方有多少人牺牲？""二十五位**战友**在第一场冲锋中牺牲了，总共有超过六十名骑兵和约三十名步兵阵亡。"这次损失并不惨重，但是亚历山大低下了头，战友的死让他心情沉重。

外国雇佣兵：自愿入伍以换取报酬的外国士兵。

战友：来自最富有家庭的马其顿骑兵和步兵，均全副武装。

"我们要向他们的英勇致敬到明天，以后我们要为他们雕刻塑像，让他们能立在此地。至于其他士兵，我们要将他们连同他们的武器一起安葬，还要免掉他们国内家人的所有税收。那敌方呢？"

"许多波斯将军被杀死了……"

"其中有很多是国王的亲戚！"

"我们也要安葬他们。但我们要把他们的武器都收集起来运往雅典，作为祭品献给雅典娜。"

在这次辉煌的胜利之后，**小亚细亚**半岛的城邦争先恐后地向亚历山大投降，不仅献上堡垒，还交出了他们的金银财宝。海岸上的希腊城邦表现得十分抗拒，因为他们的驻地——波斯——都依靠他们的盟军：腓尼基和塞浦路斯的海军。帕曼纽建议亚历山大进行一场海上战役，但是亚历山大又一次驳斥了他的建议，因为他十分清楚自己的军力在海上处于劣势。亚历山大都是在陆地上获得胜利，他也知道，要彻底打败大流士，就应该争取到海上的主导地位。

在征服了小亚细亚半岛的海岸之后，他命新婚的士兵回马其顿与妻子一起过冬。他让近卫队员托勒密率领他们，嘱咐道："在来年春天，除了这些队伍之外，还要给我们招回来更多的新队伍！"

"您已深得民心，自此，招募士兵已不再是难事了！"

寒冬也不能阻挡亚历山大的脚步，他一直前进到了戈尔迪乌姆。那儿有著名的戈尔迪乌姆战车，车的**牛轭**上绑着一个无法解开的结，据说谁要是能解开这个结，谁就能称霸整个亚洲！

年轻的国王被这个挑战吸引了，但这个结是真的很难解开。那怎么办呢？

小亚细亚：在如今亚洲的土耳其境内。

牛轭：用来套牛拉车的木质工具。

他毫不犹豫地抽出剑，劈在这个厚厚的结上。

"现在它解开了！"

在场的士兵们起先十分震惊，随后兴奋地大喊："确定无疑啦，亚历山大将是亚洲之王！"

没过多久，一个好消息让亚历山大再次高兴起来：他一直畏惧的大流士的将军门农死了。

大流士国王没其他办法，只得亲自上阵迎战马其顿。他聚集起散在帝国各地的兵力（传言有六十万人），步行出发，一直走到夏天才与亚历山大相遇。

大流士将他庞大的军队部署在叙利亚北部一个辽阔的平原上。但是一场病让亚历山大迟迟不能应战，这让国王逐渐失去耐心，不顾众将士的反对，下令离开选定的驻地。他率领军队沿着海岸线行进，在秋天到达了伊苏斯附近。

在战斗打响之前，亚历山大发表了振奋人心的讲话以鼓舞士气："士兵们，你们看啊，我们有如神助！神指引大流士来到这片狭窄平原上，使他无法在这儿部署兵力，就算他的军队数量众多，也丝毫派不上用场！

"此刻，你们要去与你们的手下败将交锋，他们不过是沉迷享乐、萎靡不振的波斯人，而你们是历经艰险、身经百战的战士。你们和他们的对决，就是自由人和奴隶之间的较量，你们定会获胜的！"

这些话受到了阵阵热烈的欢呼，赫费斯提翁和托勒密相视而笑：他们的国王和朋友已经会说恰如其分的话了，现在没有什么能让士兵退却！

战斗在山海之间打响了。然而，帕曼纽率领的左翼军队难以抵挡波斯的骑兵，亚历山大和他的精锐大军在右侧突破防线，寻找国王大流士。大流士勇敢地冲锋陷阵，驾战车到达战场中心，他的近卫军士兵围在他的战车四周。但是很快他们就被包围，周围尸首遍地，他的战马也因受伤流血而筋疲力尽，他得换一辆战车了。就在大流士离开战场更换马车时，他的近卫军以为他想逃跑，于是都惊慌失措，骑兵们掉头跑，后面紧跟着步兵，甚至是得胜的右翼军队也不得不弃战而逃，因为亚历山大转头向他们进攻。

波斯军队不得不走狭窄且尽是石子的山路，溃逃得狼狈不堪。他们被马其顿军队紧紧追赶，一些士兵死于自己人的马蹄之下，一些士兵被马其顿人所杀。但是大流士在逃跑大军的最前面，侥幸活了下来。

直到天黑下来，这场追赶才中止了，马其顿军队就

地驻扎在大流士和他的军队留下来的营帐里。亚历山大懒洋洋地靠在国王大流士的浴缸里，但是阵阵哀号和哭泣声引起了他的注意。这些声音来自隔壁的豪华帐篷里，那正是大流士家人住的地方。事实上，国王大流士四处征战之时，他的家人一直跟随着他，他在这次逃跑中抛下了自己的母亲西绪甘碧丝、妻子斯姐忒拉和他们的三个孩子。这些女人看到马其顿的士兵进来，便认定大流士已经死了，她们会沦为奴隶。当亚历山大和赫费斯提翁出现在帐篷中的时候，王后赶紧上前，乞求战胜者的怜悯。但是，这两个男人的穿戴几乎是一样的，这和波斯的习俗完全不同，而亚历山大身形较小，她错把赫费斯提翁当作国王，于是跪在赫费斯提翁的膝下。后者赶紧退到他的主人身后，这时，局促不安的西绪甘碧丝吓得往后退，亚历山大却拉住她，说：

"放心，这位母亲，这就是另一个亚历山大。您不要害怕，您身居高位，我们会万分尊敬您的。"

马其顿和波斯的军队

两支军队完全不同。双方阵营都有一个神奇武器：马其顿拥有方阵（由重装步兵组成），波斯有战车。双方将领亚历山大和大流士都征用外国雇佣兵。

马其顿方阵

步兵队由全副武装的士兵组成，他们被紧密连在一起，因为他们团结一致，互相帮助：每个人都用盾牌保护左侧的人。这也就是说，方阵在自然移动的过程中倾向右边，每个人都同时寻找右边临近的人的盾牌保护。

波斯军队

军队由各省的士兵组成。最常使用的武器有弓、标枪和剑。战士通常是最不受保护的，步兵武力不高，凝聚力也不强。

斯基泰的骑兵

波斯弓箭手

战车

波斯人使用战车，每辆战车配有一个弓箭手和一个战士，例如大流士三世在伊苏斯战役中所使用的。

伊苏斯战役（亚历山大没有戴头盔，直面大流士。）

波斯骑兵

由贵族组成，数量庞大，效率高。斯基泰雇佣兵和马上弓箭手作为辅助，不穿盔甲，但依然令人生畏。

亚历山大的外国雇佣军

这些外国雇佣兵参战主要是为了领军饷和获取战利品，他们来自马其顿北部的国家，骑兵或轻步兵都配有弓和投石器。

马其顿骑兵

亚历山大领导的骑兵队，非常灵活，装备有剑和标枪。

马其顿的军备

马其顿方阵之所以坚不可摧，也归功于他们的武器：他们有两个把手的圆形盾牌、护胸甲、头盔和腿套用来自卫，长枪和短剑用来攻击。马其顿长枪，也被称为长矛，非常长，长度达五米至六米。一直到第五列的士兵都横着持长矛，最后三列把长矛指向天空，也是为了保护方阵免遭从上方射来的枪。

步兵队队形

"亚历山大大喊着战斗口号，军队也逐渐高呼口号应和。"

护胸甲

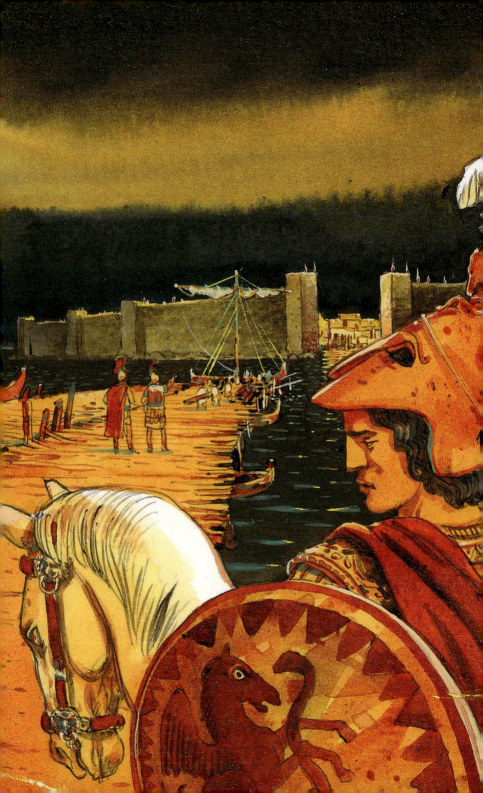

向神的国度前进

马其顿军队的营帐中气氛热烈，所有人都在七嘴八舌地谈论着：

"我们没必要继续追赶大流士，因为他已经被打败了！"

"不，不应该停止追击他……他都跑到**巴比伦**了！"

"只要巩固我们在小亚细亚半岛的权力就够了，那些波斯人不会再来搞乱我们在希腊的事务。我们还需要做什么呢？"

巴比伦：美索不达米亚以前的首都，位于波斯帝国的中心。

"只要国王大流士还活着，我们就无法永远保有胜利果实……"

"亚历山大，你怎么决定？"

亚历山大听着他的战友们发表意见，沉默不语。

"我们和大流士之间还没结束，但我们目前不能跨过幼发拉底河去追击他，因为还有一些问题没有解决。首先是那些被征服的省份的政府，我们没有太多人手，我们应该用波斯人的方式，保留一些原来的本地官员。但是和以前不一样的是，我们要尊重当地人的习俗和信仰，不征苛捐杂税以减轻他们的负担。同样，为表感激，他们要对我们忠心不贰。然而，关键职位要给马其顿人，我会在你们之中选出**总督**。在一开始，我会在战利品中拿出几**塔仑**，来为我们的和他们的神建造庙宇。大家同意吗？"

总督： 由国王任命，是一个省的最高官员。

塔仑： 重量单位，也是货币单位，相当于约二十五公斤金子或银子。

即使有些人对保留波斯的习俗感到惊讶，但所有人都毫不迟疑地点头表示赞同。

托勒密坚持道："小亚细亚的处理方式很完美，但是接下去呢？大流士怎么办？"

"多没耐心呀你！我们不能让敌军威胁我们的后方，所以在巴比伦会战之前，要保证波斯没有可以发起反攻的盟军港口，我们要首先占领腓尼基和塞浦路斯的港口，接下去是埃及的港口。"

所有人相互对望，叫道："埃及！众神与圣贤之国！"

他们沿着腓尼基海岸进军，行动依然十分迅速，所向披靡。所有城邦都向大流士的战胜者投降，比如比布鲁斯城、西顿城……只有提尔城拒绝迎接亚历山大。这是座建在岛上的城邦，有坚固的防御堡垒，还有一支重要的海军防守，他们不会接受亚历山大的占领。

马其顿人开始包围提尔城，这是一场非常漫长的围攻战，一直持续到了第二年的秋天。亚历山大毫不气馁，他决定建一条河堤连接这座岛和陆地。士兵们都投入到这项工作当中，国王亚历山大鼓舞他们，并亲自在工地监督，一会儿赞扬这个，一会儿奖赏那个。

一开始，一切都很轻松：海并不深，木桩能够轻易地插进海床的泥里，这些泥如同水泥一般，能让木桩稳稳地承载堆砌的石头。河堤一点点地露出水面，但是接下来困难重重：水深增加了（超过了五米），而且工事越来越靠近岛屿。

在工程期间，提尔人站在城墙上射击手无寸铁的马其顿人，而且他们的三层桨战船也从海上前来攻击他们。因此，马其顿人需要修两座高塔来放置战斗武器，既要抵挡射击，也要驱走舰船。这两座木塔外面盖着兽皮和兽毛，可以抵挡火焰标枪。但是，提尔人不会就这样束手就擒，他们找来运输用的大船，在船上装满木头、**松脂**和引火的火把，并让大船驶向那些脆弱的建筑工事。很快，河堤和高塔都着火了，而那些提尔人的三层桨战船还阻挠救援。情况紧急！

亚历山大并没有气馁。但是他也清楚，

松脂：一种以树脂或柏油为基底的材料，极易点燃。

没有军舰，他就没法完成这次包围战。于是他调来西顿城的舰队，罗德斯岛和**塞浦路斯岛的舰队**也来助战。二百多艘军舰一起向提尔城进发！现在，双方的力量对比反转了，提尔人待在城里紧闭城门，不敢出港口。亚历山大这边终于完成了加宽河堤的工程，他接下来就攻向城墙。然而这些城墙有四十五米高，而且靠近河堤这边的城墙非常宽厚，所以他们只能从海上进攻。但是提尔人早就想到了这点，他们在岛的四周向海里扔掷大量的石块，这对船来说十分危险。

亚历山大让战船上的士兵用粗绳把那些石块都拉走，敌方就派人潜到海里割断锚索来阻止三层桨战船**抛锚**，企图

塞浦路斯岛的舰队：
波斯的前任盟友，在看到腓尼基几乎全部落到亚历山大手上时，向后者投诚了。

抛锚：舰船在海里抛锚，可以借助锚来停泊。

让对方无法开展行动。但是亚历山大把绳索换成了铁链，这样马其顿人的战船就可以接近城墙停靠，借助战船上架着的擂石器进攻。

终于到了尾声。城墙被打开了一个缺口，在墙上搭上板子之后，马其顿士兵蜂拥而上。

亚历山大的士兵进行了一场真正的大屠杀，有八千名提尔人被杀害。因为胜利者们可没忘记围攻提尔城用了很长时间（整整八个月呢！），而且之前提尔人把抓到的马其顿人都杀死了，因此亚历山大才无情地把三万俘虏当作奴隶卖掉。

人们为了庆祝这场来之不易的胜利，祭拜了**美刻尔－赫拉克勒斯**，军队全副

美刻尔－赫拉克勒斯：
在提尔城，赫拉克勒斯被称为守护神美刻尔。这是希腊人同化外族神的结果。

武装进行了盛大的游行，海军也进行了检阅，还举办了体育比赛和火炬赛跑。

不久之后，大流士的一位使者带来消息，说大流士想用一万塔仑赎回他的家人，还会割让从幼发拉底河到海边的区域来和亚历山大结盟，并请求把女儿嫁给亚历山大。马其顿国王环视四周，将领们都等着他决定。帕曼纽说：“假如我是亚历山大，我就会欣然接受这些条件，不再去冒险作战。”

国王回答道：“诚然，假如我是帕曼纽，我也会很高兴。但我是亚历山大，我不会接受大流士把我已拥有的东西当成礼物献给我。如果他想要什么东西，就得来求我。”

战友们都露出了开心的笑容，他们也不想太早结束冒险的旅程。

在征战埃及的路上，亚历山大还得攻下加沙——一座以无法被攻破著称的城邦。这是最后一个阻碍了，埃及正在向亚历山大招手。他从贝鲁西亚出发，沿着尼罗河一直走到孟菲斯，在那里，他向希腊和埃及的神献祭，并且举办了体育和艺术游戏活动。

向西北方向返程的途中，他决定建造一座新的城邦，这座城邦要用他的名字命名：亚历山大城。

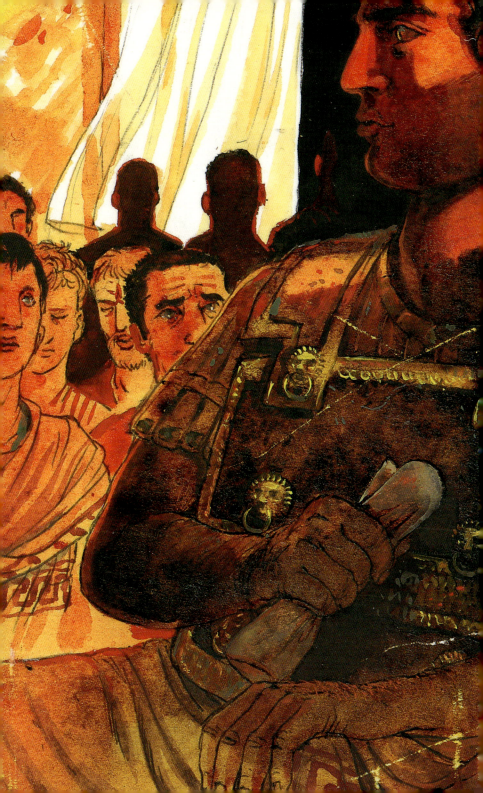

他在地上标画计划修建的新城时，没有带粉笔，便用面粉代替。突然，一群鸟从四面八方出现，它们扑向面粉，抢着啄食。这让亚历山大的**占卜师**亚里斯坦德没有那么忧虑了，他说："陛下，这预示着这座城邦会十分繁荣，能够养活来自各地的人。"

亚历山大下定决心后，立即下令让建筑师开始工作。在建城期间，他前往利比亚**阿蒙**的圣殿，坚持要去询问**神谕**。虽然正值冬天，但一路上都是无尽的沙子和灼灼燃烧的太阳，艰苦跋涉没有让他退却。

占卜师：能看懂并阐释神的旨意的人。

阿蒙：与拉神一样，是埃及的太阳神。

神谕：神通过某种方式来传达旨意，通常需要一个传话人（比如祭司）来阐释。

"亚历山大，士兵们都筋疲力尽了！"

"亚历山大，我们储备的水要耗尽了！"

这一小支队伍很幸运地得到了神的庇佑，一场大雨给他们带来了凉爽，也带来了所需的水。更幸运的是，当他们找不到任何标识，以为在沙漠里迷路的时候，出现了两只乌鸦，它们飞在队伍的前面给他们带路。最终，他们不必再担心什么，顺利到达了长满棕榈树和橄榄树的绿洲。在绿洲中央，耸立着阿蒙神庙，亚历山大只身进入。

战友们在外面焦急地等待，在亚历山大出来之后都迫不及待地想问他情况，但见他脸上闪耀着骄傲的神情，便不敢开口，只有赫费斯提翁斗胆问道："怎么样？神谕对你说了什么？"

"神谕说，正如我心中所想。"

"真的吗？那你确信亚洲会属于你吗？"

"我对此毫不怀疑，那些祭司也确认了。"

"杀害你父亲的凶手都受到惩罚了吗？"

"是的，杀死腓力的凶手都得到了惩罚。我的父亲……神的祭司们说，我的父亲不是凡人。"

"不是凡人？然后呢？"

亚历山大不再回答，继续踏上了征程。他的朋友站在原地，低下头陷入了沉思。

埃及的亚历山大城 在建城之初，亚历山大并不知道自己的名字将会因这座城邦而闪耀几个世纪。埃及当时被波斯人征服，正忍受着异族的奴役。直到公元前332年，亚历山大才以救星的身份到来了。

亚历山大城的灯塔

世界第七大奇迹
亚历山大城灯塔

灯塔高135米，由三层组成，灯塔顶部是救世主宙斯的雕像。在露台的各个角落，有半人半鱼的海神像，它们吹着雾角，仿佛是在提醒水手要当心坏天气。塔中有火焰，在最高层永不停息地燃烧着。

亚历山大法老

亚历山大遵从埃及的传统，变成了法老。就像他的前辈们那样，他自称为阿蒙的儿子。他的一些将领散布传言，说这位马其顿人真的是阿蒙的子孙！

扮成法老的
亚历山大

记录天文的莎草纸

大城的考古发现

阿蒙神

在阿蒙神庙里，亚历山大服于这位神的统治。阿蒙总是与拉（与阿蒙一样，是埃及太阳神）或库努姆（公羊头的造物神）联系在一起。为了强调亚历山大与阿蒙的"关系"，人们在描绘他时总是在他的头上加上公羊的角。

公羊头的库努姆阿蒙神

"所有人相互对望，叫道：'埃及！众神与圣贤之国！'"

托勒密一世统治下的亚历山大城

托勒密是亚历山大在埃及的继承人，创建了作为古代科学中心的博物馆以及图书馆。他收集了所有已知国家的书籍作品，还推动了书籍的希腊语译介，其中包括犹太教的《圣经》。

在波斯帝国中心

埃及的冬天过去了，军队需要重整，新的行省机构也要重组。亚历山大把许多重要的职位都授予他的朋友们，有托勒密、哈帕拉斯、尼阿库斯还有其他人。

春天来临，军队上路了，他们穿过腓尼基和叙利亚，跨过底格里斯河和幼发拉底河，花了六个月走了五百多公里，一路上烈日灼人，但没有遇到激烈的抵抗。在途中，出现了月全食，亚历山大就先后对月亮、太阳和大地进行祭拜。占卜师亚里斯坦德通过对死者的五脏六腑进行检验，预言说月全食会对国王有利，他会在这个月内取得胜利。

之后几个波斯的**侦察兵**被抓成了俘虏，他们说大流士就在附近的高加米拉，他的军队数量庞大：有一百万步兵、四千骑兵，还有二百辆**带刀战车**！因为所有省和东部国家的人纷纷加入他的阵营，有米底人、帕提亚人、叙利亚人、

侦察兵：被派到前线去侦察地形或敌情的士兵。

带刀战车：大流士把剑身和镰枪装备在马车的边上（与轮子和牛轭一样高），用来破坏马车在前行中遇到的阻碍。

亚美尼亚人、印度人、索格蒂亚纳人和巴克特利亚人。

甚至淳朴的**斯基泰人**也与他们结盟，派来了本族强悍的骑射手。至于大流士，他在两年前经历了伊苏斯战役的惨败后吸取教训，选择了一片宽阔的土地来安置军队，这也为带刀战车排除了困难，使战车能够畅通无阻地变换队形。此刻，他正等着亚历山大……当亚历山大到达这里时，发现了敌人，他听取了帕曼纽的建议，花时间来侦察地形。出于同样的考虑，他下令让部队休整一夜。

随后，他召集了各个部队的将领，说道："这次的战争和以往不同，关系到整个亚洲帝国。在作战中，不管是需要大家安静还是呼声响亮，不管是要向前奔跑还是改变方向，你们都要确保完全服从命令，反应迅速。大家要记住，我们这个集体是由你们每一个人组成的，要想成功，就要紧紧团结在一起，胜利取决于我们每一个人！"

当天夜里，那些敌营里的火把忽明忽暗，平原上不时响起一阵模糊的牛哞声，暗夜就像一片翻腾的海。

早上，这位马其顿国王一反常态，睡了很久，太阳高高挂起的时候才醒来。他的朋友看到他如此安睡，都放心了。

亚历山大对他们说："我没什么理由好担心的。大流士倾尽全力投入这场战役，今夜，战争就会结束。"

亚历山大甚至都没有布置一条和大流士那边一样长的前线，他更喜欢安排第二战线来保障侧翼和后方。因此他和往常一样，仍然率领右翼大军，正好面对位于波斯军中心的大流士。亚历山大让他的骑兵保护右翼，和他的精英部队一起等待时机，只要打开一个小缺口，他们就可以长驱直入冲进敌方阵营，直接攻击大流士。他等到了，而这就是大流士和他的军队溃败的开始。

在此期间，带刀战车的表现**不尽如人意**。因为亚历山大下令**大方阵**展开队列，先让这些可怕的战车通过，然后骑兵远远地围住它们并射击，让行驶中的车和马都停了下来，无法继续前进。只有在左翼的帕曼纽、辎重和俘虏所在的后勤大军遇到了困难，但是渐渐地，所有波斯军队都逃跑了。亚历山大大获全胜。

约有三十万名异族被杀，被俘虏的人数还要多。亚历山大哀悼自己军队牺牲的人员，虽然仅有一百人，但是损失的战马有一千多匹。

不尽如人意： 没能发挥预期的效果。

大方阵： 所有方阵的集合。

亚历山大休息了几个小时，随后继续追击大流士。他一刻不停地跑了一百公里后到了阿贝拉，大流士在这座城邦丢下了他的辎重。就像在伊苏斯城一样，亚历山大顺利得到了大流士的财宝、徽章、战车、衣袍和武器，但没有抓到人。大流士朝着米底一路狂奔，那里离高加米拉非常远。但结局是他的军队群龙无首，四分五裂，他也在整个帝国里失去了声望。他的失败难道不是波斯诸神之首**阿胡拉·马兹达**已放弃他的明显标志吗？虽然还有一小部分忠诚的波斯人和希腊人护送着他，但是没过多久

阿胡拉·马兹达： 波斯人宗教信仰中最高等级的神，大流士被认为是这位神在人间的化身。

也离他而去……

在亚历山大这边，他离开了帝国城邦中最大的巴比

伦城，跋涉了四百五十公里。在那里，他得到了统治权。人们在他进城的路上铺了满地的鲜花，在银质祭台上焚香，祭司们和着提琴的琴声高唱赞歌，人们向他献上狮子和豹。他对神献上了更多的祭品，尤其是对最受崇拜的神——**拜尔**，并且重新修建了被**薛西斯**破坏的拜尔神殿。

他们继续往前行进几千公里，到达了波斯帝国的首都苏萨。当马其顿士兵进入王宫时，看到恢宏的建筑、豪华的装饰以及华贵的家具，都掩饰不住地惊叹。赫费斯提翁和托勒密也一样睁大了眼睛，但是亚历山大十分冷静。在远处，帕曼纽的儿子菲罗塔斯悄悄凑近他旁边人的耳朵，说：

拜尔： 腓尼基人信仰的神。

薛西斯： 薛西斯一世（公元前485年至公元前465年在位）：波斯国王，他残暴地镇压了巴比伦和埃及的起义。

"很明显，从埃及回来之后，亚历山大表现得就像阿蒙的儿子一样，他真有伟大帝王的风范。"

像是为了证明菲罗塔斯所言不虚，亚历山大还坐上了大流士的宝座，正式接收了大流士收集的奇珍异宝，**总共价值五万塔仑的金子**，这还仅仅是在苏萨这一个地方！亚历山大的脚没有碰到地面，随从们为他搬来了大流士的金质脚凳。

但亚历山大不满足于此，即使到了冬天，他还是想占领**阿契美尼德王朝**的发源地：波斯的城。要想达成这个目标，他得翻山越岭去见那些忠于大流士的波斯人。

他命帕曼纽带领大部分军队，走虽然最长但最易走的路线。而他不惧大雪，率领轻步兵部队朝着**波斯峡谷**间的**狭道**前进。然而，波斯的总督修了一堵墙切断了这条路，并率兵占据高处，在那里等候亚历山大。

亚历山大一开始真的没料到之后的危险：敌人把巨大的石头从山坡上推下来，石头在山壁上反弹之后，把山道上的人马都压得粉碎。马其顿人的盾牌起不了任何保护作用，士兵们也毫无反击

五万塔仑的金子：超过 1250 吨的贵金属。

阿契美尼德王朝：指大流士的家族。亚历山大的对手大流士三世是阿契美尼德王朝的最后一任君主。

波斯峡谷：峡谷之间形成一条长长的狭道，位于伊朗的西南部。

狭道：指山与山之间的自然通道。

之力，一时间死伤无数。

"你确定没有路可以让我们绕到敌人后面偷袭吗？肯定有俘虏对这片山很熟悉！"

亚历山大的坚持是正确的，最终一个**利西亚**的牧羊人被带过来，他走遍了这片地区所有的羊肠小道。他带领亚历山大和一小支精英部队，在夜色中穿过了白雪覆盖的重重山脊，走过一条条狭窄的小路，沿路两旁都是令人目眩的峡谷。到了拂晓时分，马其顿军队攻下了波斯军队的营地，一声号角响彻峡谷：亚历山大胜利了！很快，将军克拉特拉斯收到了亚历山大的命令，率领队伍发起猛攻，波斯人被前后夹击，无法逃脱。终于，到波斯波利斯的路途变得畅通无阻了。在到达这座忠于阿契美尼德的城邦之前，亚历山大加快了步伐：他不想让城内的波斯驻军有时间掠夺财物。

波斯波利斯，这座富有的城邦就是波斯帝国的首都，长期以来被认为是亚历山大最大的敌人。到达城门口时，亚历山大完全把它交给了自己的士兵，任他们进城屠杀、抢夺财物，无数的金子、王室礼服、家具、衣物和珠宝被洗劫一空，没有一样东西能逃过这群贪婪士兵的手心。

利西亚：在小亚细亚半岛，当地人也说希腊语。

现在亚历山大富可敌国，他向诸神献上了不计其数的祭品，大摆筵席宴请他的朋友们。庆祝活动一个接一个，很快变成疯狂饮酒作乐的酒席，这些粗犷的军人自愿沉醉在酒香里，因为马其顿人尤其尊崇**狄俄尼索斯**。

在其中一场酒会上，一个雅典的妇人提到了她那曾被薛西斯**烧毁**的城邦："亚历山大，你要是烧掉这座王宫，毁掉波斯人的荣耀和骄傲，你会因此而无比高尚！"

亚历山大会这么轻易地被这个提议吸引吗？或者这个提议是否回应了他内心隐秘的愿望呢？

他不顾帕曼纽和其他人的反对，请客人们组成一支欢快的祝酒队，拿着燃烧的火把，在笛声和歌声中点燃了王宫。很快，王宫在可怖的火焰中化为一片废墟。

王宫再也无法见证波斯帝国的光辉，马其顿人的国王正在准备取代国王大流士的位置，成为亚历山大大帝。

狄俄尼索斯：希腊神话里掌管葡萄和葡萄酒的神。

烧毁：在公元前480年的第二次米底战争期间，雅典曾被薛西斯完全毁灭。

波斯王权 在亚历山大到来之前,波斯人统治整个西亚、从欧洲边缘到印度的范围以及整个埃及超过了两个世纪。

全能的波斯国王

波斯国王被各种仪式和奢侈品包围着,使他凌驾于普通人之上,因为他是天神阿胡拉·马兹达的人间代表。国王身后总是跟着手持蝇拂和阳伞的仆人,配有长枪和盾牌的近卫军围在他身边。这些人都穿着装饰华贵的服装,佩戴镯子和金耳环,国王的服装就更加奢侈了。

大流士一世

巴比伦王宫中的狮子

波斯国王威仪

国王在接见臣子时,高高地坐在王座上面,把脚放在珍贵的搁脚凳上。他要是出行,就总是乘坐马车。狮子是王权的标志,在王宫的墙饰和印章上,都有狮子的形象。

大使们（波斯波利斯王宫的墙顶装饰）

"波斯波利斯，这座富有的城邦就是波斯帝国的首都……"

一个庞大的帝国

这个庞大帝国的建立者是来自波斯的居鲁士和冈比西斯。之后是大流士一世，他在位时间很长（公元前522年至公元前486年在位），其统治巩固了这个帝国。他自居于大天神阿胡拉·马兹达的权力之下，认为是神赐予了他帝国的统一。帝国内的道路纵横交错，宽阔畅通。每个地区都受到总督的统治，总督通常是波斯人，由国王任命，向国王述职。

波斯波利斯大殿的入口

弓箭手

大使

苏萨和波斯波利斯的王宫富丽堂皇，彰显出国王权力无边。每年，整个帝国的归属城邦都会派出大使前来进贡礼物，以表忠诚。帝国的所有人民都被描绘在王宫的墙顶装饰上，我们可以通过服饰和骆驼辨认出这些是帕提亚人的大使（见本页右上图）。

背叛的时刻

　　在那场大火之后，亚历山大离开了波斯，重新出发去追赶逃到米底的大流士。他向帕曼纽坦言，自己很担心护送到**埃克巴塔纳城**的辎重和珍宝的安全。

　　亚历山大迅速到达米底，但是他在那儿得知，大流士因为无法聚集起足够多的新军队来投入战斗，就和一众东方国家的总督、军队以及最后一批忠诚的希腊人一起离开了埃克巴塔纳城，往东逃往巴克特利亚。亚历山大非常想追赶他们，但是他的盟友都在窃窃私语："亚历山大……"

　　"又发生什么事情了？"

　　"你知道我们已经到了已知世界的边际了！并非所有希腊人都跟你一样渴望新事物和征服新土地。然而你是他们的将领，是他们选中你的，你似乎都忘记了。"

　　"好吧，那些希腊人真是活该。我不需要他们了，我们要**遣散**他们。从今

埃克巴塔纳城：米底的首都，波斯帝国的一座大型中心城邦（位于现伊朗的西北部）。

遣散：解散军队。

往后，我不会再代表希腊人，我仅代表我自己！"

面对怒气冲冲的国王，克拉特拉斯和赫费斯提翁哈哈大笑，但是托勒密和克利图斯忧心不已："我们都很赞成摆脱那些军队，但是我们也需要人来继续战斗。"

"这不是问题。我们就像雇外国雇佣兵一样，雇用那些被遣散但又想继续战斗的士兵。只要我们支付薪水，他们就会服从我们，那样我们就不用再担心我们亲爱的希腊盟军了。然后也需要雇用一些本地士兵，至少他们了解这个国家。"

在重新改编军队之后，只有一支行军速度极快的骑兵率先穿越米底和帕提亚，去追击大流士。这些士兵和马匹在追赶途中都劳累不堪，最终被无情地抛弃在半路上。即使这样的缺水（沿途都是沙漠）、疲劳和士气低落都没有影响亚历山大，他的大军在十一天内行进了六百五十公里！

但是一个新的消息传来了：大流士被东方总督们囚禁了起来，而他们本该是最忠于大流士的。

他们可能是想把大流士移交给亚历山大，以此来得到新的王者的宽恕吧。马其顿国王却火冒三丈：他是想打赢国王大流士，但并不想通过别人的背叛来抓到他。这些**谋反者**于是知道大流士对他们而言没有什么用处，便毫不留情地把他杀掉了。

此时距伊苏斯战役已有三年，距高加米拉战役已有一年，大流士的结局是遭到自己人的背叛。亚历山大怀着最高的崇敬之情，为大流士举办了荣誉葬礼，他的遗体将遵循波斯的仪式，被埋葬在波斯波利斯。亚历山大现在不用再与他争夺帝国，而是成为他的继任者，既作为容留他妻子和孩子的男人，也作为帝国的统治者。

亚历山大知道他不能用"大帝"的名号，马其顿人接受不了，但他还是接受了东方诸国大使的觐见，穿戴上了几件波斯王室服饰，别上了徽章。他选择戴上王冠和穿上饰有白边的长衣，但没有选长裤和带袖大衣，按照他的审美，那些衣服都太滑稽了。他要求最高贵的马其顿人穿镶红边的长衣，他甚至还按波斯的方式给马套上了马具。

他还继承了大流士的**女眷**——三百六十名嫔妃！人们都传言，每晚她们都围在亚历山大的床榻边，等着他从中挑选。

谋反者：参与阴谋（谋反）的人，此处指背叛大流士的人。

女眷：男性（此处指大流士的）的妻妾。

和对待其他财富一样，亚历山大非常珍惜这项"遗产"。

此外，他身边开始围绕着波斯人和米底人：亚历山大不仅让他们做他的仆人，还从归顺他的人中选出最高贵的一批贵族，任命他们为近卫兵。

所有这些举措都引发了马其顿人的低声抱怨：亚历山大成了亚洲的帝王，就轻视起他祖国的习俗了吗？大帝隐隐约约觉察到这些不满的情绪，这种情绪会很危险。与此同时，他也没有忘记杀死大流士的凶手。

他率领在追击大流士时收编的军队前往赫卡尼亚，穿越峡谷，渐渐地与波斯贵族会合。对他们来说，比起追查谋害大流士的人，他们更愿意看到亚历山大接替大流士的位置。

在前进过程中，那些城邦和士兵要么被武力消灭，要么心甘情愿地投诚。

但是，那些不顺从亚历山大的总督，返回了他们在远方的行省，在那里他们才有安全感。

巴克特利亚的总督博萨斯，是背叛大流士的中心人物，居然自封了"大帝"的称号！亚历山大恨不能杀之而后快，于是率军朝着**巴克特拉城**进军。

巴克特拉城：巴克特利亚的首府。

但是很快，这位"大帝"就在阿瑞亚被

他自己的同谋抓到了。这个同谋还以此假装向马其顿国王投诚，假意为亚历山大开辟行军的路径，然后从后方发动袭击。幸好亚历山大反应迅速，成功击溃了敌军，但是仍然损失了很多士兵。

这本来是场毁灭性的意外，应该让亚历山大警醒：如果不小心谨慎地防范，他就无法深入东方总督们中间，无法真正获得他们的忠诚。可是，他没有朝着巴克特利亚前进，而是偏移方向朝南方进军，去攻打阿瑞亚、德兰吉亚和阿拉科提亚。

然而，几乎在同一时间，一个年轻的军官前来提醒近卫队的士兵，说有一些马其顿人正在密谋欲取亚历山大的性命。带来消息的军官被帕曼纽的儿子菲罗塔斯留下了，但是两天过去了，菲罗塔斯也没有告知亚历山大这个消息。这名军官担心这样下去会造成不好的后果，便请求另一名**贵族侍从**安排他与大帝会面。在这次会面中，他不仅告发了这些谋反者，还提到了菲罗塔斯不同以往的沉默态度。因此，菲罗塔斯成了首要的嫌疑人：他难道不是最有动机刺杀亚历山大的人吗？他不是多次表现出对亚历山大的敌意

贵族侍从： 年轻的马其顿贵族（之后也有波斯人或米底人），学习武器格斗技术，同时服侍大帝或重要将领。

吗？尽管菲罗塔斯百般抵赖，但还是很快和其他同谋一起被逮捕了。

这个案件的嫌犯们被带到了马其顿军队前，亚历山大亲自发表了针对菲罗塔斯罪行的公开讲话："士兵们，是诸神让你们看到我站在你们当中，我时刻准备着投身战斗，用荣耀保护着英勇的你们！但有一个阴谋意欲把我从你们眼前夺走。更可恨的是，在我们最为荣耀且备受厚待的战友中，有一位参与了这个阴谋的策划，我曾给予了他绝对的信任！"

亚历山大的讲话发挥了巨大的威力，忠诚的士兵们听着他的发言，一个个不由自主地产生了强烈的同情和愤慨。这些人的怒火被引燃，群情激奋之下，恨不能当场用石块砸死菲罗塔斯等人。但是大帝制止了他们，他要反叛者们接受公开的审判。

反叛者们面对如此多的罪证，没能说出什么来让愤怒的众人改变主意。

菲罗塔斯就这样被认定为叛徒，不得不接受克拉特拉斯和赫费斯提翁执行的酷刑。一开始，他始终不肯认罪，但愤怒的刽子手来了，心理防线崩溃的他没有再抵抗，最终回答了所有问他的问题，也供出他参与谋反的全部过程和其他共犯的名字。他和他的同谋者最终被马其顿人投石杀死。

作为菲罗塔斯的父亲，帕曼纽有没有参与其中？即使他没有参与，亚历山大也不会在杀死他儿子之后还让他活着，因为他可能会因此造反，并且这位老将军深受军队爱戴，拥有强大的号召力。此外，帕曼纽还在米底手握重要的部队，他迟迟不肯回来觐见大帝，这已令人十分诧异。亚历山大没有迟疑，他派出一名信使，让他在菲罗塔斯被处死的消息传过去之前赶到埃克巴塔纳城，命帕曼纽的副官把他杀死。

最终，亚历山大在这次事件中及时清除了**不同政见者**：那些不支持他用波斯方式行事的人，那些在渐渐远离故土之后就不想继续战斗的人……

不同政见者：对某事持不同意见的人。

帕曼纽和菲罗塔斯作为高级军官尚且如此，更何况还有一些地位低下的马其顿人也拥有相同的看法——可那些都是淳朴的士兵，并没有谋权篡位的心思。亚历山大了解他们（他读了士兵们的所有来往信件），并把他们和其他人隔离开，因此，即使他无法阻止他们表达自己的想法，也能确保他们的想法不会传播出去。为了顺利进行这项清除工作，他任命他最信任的朋友们担任军队的首领，有赫费斯提翁、克利图斯、克拉特拉斯和托勒密。

现在，亚历山大已经准备好迎击巴克特利亚和索格蒂亚纳的东方总督了！

未知的风景 在极端天气下，亚历山大仍率领部队去探索新世界的多姿多彩。士兵们变身成了探险家：步行、攀爬、登山、造桥修路，他们无所不做！

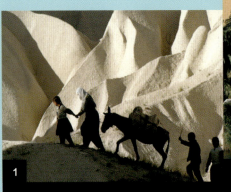

1. 土耳其卡帕多奇亚地区　　　　2. 埃及尼罗河地区　　　　3. 阿富汗赫拉特地区

3 4

小亚细亚半岛
亚历山大的士兵在小亚细亚半岛（今土耳其境内）没有不适应，甚至在他们穿过戈尔迪乌姆到达内陆后，气候愈加呈现出大陆性，卡帕多奇亚的群山也没有给他们造成任何困难。

埃及
在这里他们遇到了荒漠，幸好尼罗河岸边有繁茂的植被和绿洲可以调节气候。

伊朗高原
穿越帝国中心并不是易事（有波斯或是赫卡尼亚的群山）。

"缺水（沿途都是沙漠）、疲惫和士气低落都没有影响亚历山大……"

恶劣天气

腹地是大陆性气候，夏季和冬季温差很大（荒原上是从40℃到-10℃），而白天和夜里温差是25℃到35℃。山上的温差也是如此巨大，只是气温要低得多。

5

兹别克斯坦沙漠　　　　　　5. 巴基斯坦的群山　　　　　　6. 中亚的帕米尔高原地区

6

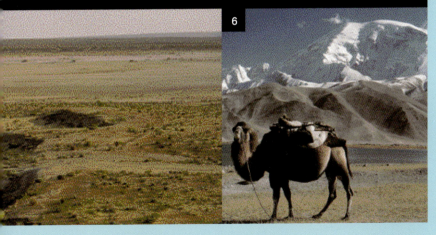

富汗

可瑞亚和巴克特利
士兵在印度高加索
区穿过狭道，道两旁
令人眩晕的峭壁。

乌兹别克斯坦

在索格蒂亚纳地区，士兵们穿越一望无际的干旱草原，夏季时分，烈日灼人。

巴基斯坦和帕米尔高原

高海拔处覆盖着皑皑白雪，山峰在云雾之中消失不见，有一些印度群山（今巴基斯坦境内，是喜马拉雅山脉的分支）很难穿行过去。在帕米尔高原的脚下，军队又发现了草原。

穿越充满敌意的地区

从此刻开始，前路不少地区对亚历山大充满敌意，他得采取一些应对措施：他在德兰吉亚建了亚洲第一座亚历山大城。城墙外还建了防御工事，并配有驻军把守，驻军由退伍的**老兵**、一些非军人的希腊人和马其顿人以及自愿加入的其他人组成。

在隆冬，驻米底的大军一和他们会合，亚历山大就派军前往**印度高加索地区**。军队穿过一望无际的冰天雪地，这里干旱荒凉，连一棵树、一只鸟都没有，更别说野兽了。粮食不足，天气严寒，夜晚更是冻得刺骨，士兵们苦不堪言：一些人的脚被冻裂，其他人被**反光**刺瞎了眼睛，还有一些人筋疲力尽，被丢在了半路上。

不过，一些当地人很少看到外国人，有点害怕，但还是自愿给他们提供了一些储备干粮。大军还需要在层层雾霭之中找到村落：只有通过烟囱冒出的炊烟才能猜出它们的

老兵： 从军多年的士兵。

印度高加索地区： 是希腊人取的名字，指兴都库什高原（位于今阿富汗境内）。

反光： 阳光在冰雪上反射的光。

位置。

但亚历山大丝毫不觉疲倦，继续赶路，因为他没有忘记自己的使命，那就是为大流士复仇！

春天到了，短暂的休整过后，他们花了十六天穿越印度高加索地区。杀人凶手博萨斯没能坚持抗击，转而逃跑了，沿途放火烧路，想减慢大帝前进的速度。但这都是白费劲，亚历山大仍旧对他紧追不舍。博萨斯被他的部分手下抛弃了，于是带着剩下的盟军渡过奥克苏斯河，并烧毁桥和船只来阻挡亚历山大的大军。实际上，这条河水流湍急，河水很深，没有可以**涉水过去的地方**，甚至都无法牢牢地立住木桩。但亚历山大又有了新点子：将士兵用来搭帐篷的兽皮装满干稻草，然后紧紧地把皮缝合起来，使它不会渗水。整个大军用了五天时间就靠这种奇特的皮筏渡过了奥克苏斯河。

涉水过去的地方： 河中水位不深的地方，可以让人步行穿过。

亚历山大的盟军此刻发现了处境尴尬的博萨斯，然后把他押送给了国王。博萨斯被送到埃克巴塔纳城，在大流士父母的面前受到了审判和处决：博萨斯被割下了鼻子和耳朵，然后被四马分尸而死。这就是叛徒的可怕下场。

亚历山大降服了索格蒂亚纳，来到了斯基泰人放牧的荒原上。这些人都是出色的骑兵，靠抢劫为生。他们没有城防守，而且不断移动。面对这样一支抓不住的敌人，该如何去打败他们？对亚历山大来说，这项任务十分艰巨，最终他决定调转枪头。这使得那些索格蒂亚纳人和巴克特利亚人不得不重新拾起武器，迎战亚历山大。

　　长期战斗开始了：两年间，亚历山大不得不抗击各地的暴乱，他才平定几处，就听到一个新的叛乱又爆发了。这些地区的抵抗非常激烈，即使是最小的村庄也建起了坚固的防御工事，亚历山大以前可从未需要如此多的武器来攻城！

　　几座位于山峰高处的村庄犹如真正的鹰巢，驻军也都在顽强抵抗。索格蒂亚纳就有好几处这样的村庄，许多巴克特利亚和索格蒂亚纳的贵族就躲在那里。当亚历山大要求那些驻军投降时，他们放声大笑，调侃地问亚历山大有没有带翅膀的天兵。亚历山大面对这种挑衅（xìn）时的愤怒根本无须描述！他召集最优秀的士兵，要他们登山上去，还给所有人发放奖励，第一个攻上山顶的人可以得到十二塔仑。

　　有三百名士兵自愿报名，他们装备有绳子和铁棒（铁棒原本是用来固定地上的帐篷的），可以钉在地上或者冻硬的积雪上。他们在晚间开始攀登，有三十个人在攀登的过程中摔死了，尸首都找不到。但是其他人都在天亮时分到达峰顶，并发出了约定好的信号。亚历山大整晚都忧心如焚，收到信号后抑制不住地开心，派人向索格蒂亚纳传话说他找到了有翅膀的天兵。敌人眼看着那些人神奇地出现在他们面前，立刻相信了马其顿人的神力，很快就投降了。

然而，在俘虏中，有一个名叫罗克珊娜的美丽女孩，是欧克西亚提斯的女儿，亚历山大第一眼看到她时，就深深地爱上了她。他周围的人都窃窃私语：

"亚历山大恋爱了！你能想象吗？"

"我觉得他没有动情，他对大流士那美丽的妻子都没有动过心。"

"即使是亚历山大自己的妻妾，他也不怎么亲近！"

"赫费斯提翁跟我说，亚历山大想要娶她……"

"要是她生了个儿子呢，肯定会成为亚历山大的继承者！俘虏的儿子成了马其顿的大帝，真是无法想象！"

"马其顿的大帝？你还认为亚历山大的这种行为像一个马其顿人？他已经是亚洲之王了！"

人们议论纷纷，不满的情绪正在扩大，严重的事件爆发了。

在马拉坎达城的一场宴会上——喝酒享乐的时候越来越多了——亚历山大不满足于仅仅歌颂自己的功绩，开始**诋毁**腓力二世的功绩和价值。这让克利图斯难以忍受，他是腓力二世的同伴，也是亚历山大奶妈的弟弟。

"你真的以为你的父亲不如你吗？还有，不正是他为你打下基业的吗？如果我们这些马其顿的老人不在的话，你还会取得现在的胜利吗？"

其他宾客都感觉到了亚历山大正在升起的怒火，拼命做手势试图阻止克利图斯，但克利图斯还是继续指责亚历山大，甚至还为帕曼纽辩护。亚历山大大帝此时已喝醉了，怒火中烧，想取他的剑，但幸好剑被卫士藏起来了。克利图斯的酒劲过去后，他不再躲远而是上前想劝说亚历山大，可是亚历山大抓起他的**长矛**，刺向了他朋友的身体，克利图斯倒地而死。接下来是一阵漫长的沉默。亚历山大回过神来，拔出长枪想刺向自己，但所有人止住了他。之后的三天里，他都在帐篷里闭门不出，不吃不喝，为曾救过他一命的挚友哭泣。

诋毁：贬低某人，说某人的坏话，不承认他（她）的才能。

长矛：马其顿人特有的长枪（长达5.5米）。

那些不支持大帝采用波斯风俗的人更不高兴了。然

而，亚历山大需要一些亚洲人：他的新目标是印度，要想到达印度，他就需要新士兵和新将领，组成新队伍，而马其顿人的数量不够多。于是他想依靠波斯人和索格蒂亚纳人，成为既是征服者也是被征服者的大帝。但族群之间的习俗有很大差异，那该怎么办呢？

亚历山大的发言人中，有一位曾试图让马其顿人接受波斯式的**叩拜礼，卡利西尼斯**严厉地命他回到自己的位置上去。

叩拜礼：在某人面前匍匐在地，以示尊敬和爱戴。

卡利西尼斯：希腊哲学家，亚里士多德的侄子，负责为亚历山大写史。

"怎么，你还想让希腊人跟奴隶一样叩拜一个人？难道你不知道这些自由的人只向神行跪拜礼吗？即使亚历山大的功绩堪比赫拉克勒斯，那也是死后才被人尊为神明的！"

亚历山大躲在一边，咬住嘴唇听着这些对话。他放弃了让人叩拜的想法，但又十分恼怒，他在等一个时机去报复卡利西尼斯。

时机终于到来了，新的谋害大帝的阴谋又出现了。这一次是那些年轻侍从想杀死大帝，为被大帝惩罚的赫摩劳斯复仇。当初赫摩劳斯被抓住后，非但不为自己的罪行辩解，反而以此为荣：我想杀的可是一位君主！那些参与审判的人都惊呆了，想让他闭嘴，但是亚历山大让他继续说。

然后，亚历山大对众人说："你们没有看到卡利西尼斯事件的影响吗？卡利西尼斯出于对马其顿的恨意，煽动年轻人来反对我，最终可能会成功杀掉我。"

于是侍从们受到审判，都被乱石砸死了。卡利西尼斯被戴上脚镣，后来在狱中死去。

障碍又一次被清除，亚历山大根据马其顿的礼仪迎娶了美丽的罗克珊娜，他用佩剑涂抹果酱在一片面包上，每一对夫妇都要吃一口。他成了波斯和马其顿所有人的国王：因为他既娶了波斯人，又遵循了马其顿的礼仪。

但这并不是全部，他还招募了三万名年轻的波斯人，训练他们使用武器。这些年轻人既是人质，又是新兵，在必要的时候将接替原来的兵力。

亚历山大暂且能平静地思考印度问题了，在忠诚的总督们还有十几名亚历山大的亲信的控制下，帝国的东部一片祥和。

狄俄尼索斯 是希腊神话中葡萄和美酒之神，是宙斯和底比斯公主塞墨勒的儿子，是马其顿人崇拜的神，亚历山大和母亲奥林匹亚丝都是这位神的信徒。

狄俄尼索斯被山林神和他的女祭司围着

狄俄尼索斯

亚历山大的榜样

狄俄尼索斯在成为神之前是一位半神，就是说他仍然是肉身。他还是一个旅行家和征服者。他曾走遍埃及和叙利亚，游历希腊，也征服过印度。他出行时都是乘坐一辆豹子拉的车，车上饰有常春藤和葡萄枝，后面跟着一列喝酒狂欢的随行队伍。

狄俄尼索斯的诞生

塞墨勒要求宙斯向她展示他所有的神光，宙斯同意了，但在神光显现之时伴随着的闪电和雷火却把她烧死了。宙斯从她肚子里取出婴儿，并将他缝在自己的大腿中，好让他能继续长大。狄俄尼索斯在出母胎几个月之后，又第二次出生了。

吹笛的山林神

"难道你不知道这些自由的人只向神行跪拜礼吗?"

酒神节

在最开始,酒神节是祭祀狄俄尼索斯的仪式,由沉浸在狂喜之中的女祭司来完成。不能把酒神节和私人宴会混为一谈。

宴会

行队伍

随狄俄尼索斯的狂队伍里面有山林神女祭司,山林神是位比较低的神,很容易陷入爱河,总是着马尾,或者有山胡须,头上长着山角。那些酒神女祭崇拜狄俄尼索斯,摇铃鼓边吹笛子跟着他。

私宴

私宴,或称筵席,是人们晚饭后聚在一起喝酒聊天的聚会,出席的女性只能是乐手、舞者此类。那时人们相信葡萄酒神狄俄尼索斯从来不会缺席这些聚会,有时候这位神还会让筵席过于狂热,令宾主尽欢。

摇铃鼓的女祭司

印度：已知世界的边际

春天到了，军队也从冬天的梦里苏醒过来。在大帝的帐篷里，将领们都在聆听亚历山大的指示，赫费斯提翁专注地看着这张他无比熟悉的面庞：一双眼睛总是闪耀着光芒，两条皱纹出现在他的额前，使他看上去严厉又冷酷。

赫费斯提翁想：我也一样变了很多，毕竟都有八年了！八年没有见到家人和故土了！八年持枪策马遍历亚洲！亚历山大将长枪立在这片土地上时，就信守了他当初的诺言：亚洲是属于他的，也是属于我们这些与他同甘共苦的人的！他接下来只剩下征服印度了，我们也会做得像**赫拉克勒斯或狄俄尼索斯**一样优秀！

亚历山大打断了他的遐想："赫费斯提翁和坡狄卡斯，你们赞同吗？你们的队伍要是走**旅行队**的路线就肯定比我们的队伍要快，你们就能有时间来建桥

赫拉克勒斯或狄俄尼索斯： 古希腊神话中，这两位神是宙斯的儿子，都在经受了严酷的考验之后才成为神，其中包括游历亚洲。

旅行队： 旅行者聚成一队，带领驮着货物的动物（这里指骆驼）穿越条件恶劣的地区。

造船，渡过印度河。泰克西利斯是我们新的印度盟军，他会带领你们。"

亚历山大转身向托勒密和科纳斯说："你们就往北方去！根据泰克西利斯的情报，北部是抵抗最激烈的地方。"

这个印度盟友的预测很快就被广泛证实：在喜马拉雅山脚下，居民们住在有坚固防御的"鹰巢"内，独立于外界，不接受任何管控。这是马其顿人在亚洲第一次碰到**共和制**的政体。

亚历山大动用了他的所有物力：用木塔可以把箭射到足够的高度，用投石器可以摧毁高高的城墙，而用**飞行桥**可以让人到达城墙上的缺口……对于每一个障碍，

共和制：一种政体，权力掌握在公民手中。

飞行桥：是在塔与塔之间搭的通道，人可以通过飞行桥到达城墙。

亚历山大都表现出创新和坚韧的品质。那些印度人惊慌失措，从一个要塞逃到另一个要塞，反叛军的数量已经大大减少，因为亚历山大冷酷无情，把他们赶尽杀绝；又因为他善待那些接受他统治的人，因此印度人渐渐都投降了。

他到达了印度河，这条宽阔的河水位很深，周围森林环绕。赫费斯提翁可以有时间建造小船和三层桨战船，

还可以修缮船甲板。渡河之后，军队分批乘坐四轮车。由于这片地区的统治者是泰克西利斯，所以亚历山大毫无后顾之忧，迅速行军来到了下一条大河：希达斯皮斯河。

但是河的对岸是国王波拉斯的领地，这个强大的敌人拥有五万名步兵、三千名骑兵、一千辆马车，还有二百头大象！马其顿人之前已经见识过大象这种**庞然大物**，但不是在战场上，而这整支大象军队都在希达斯皮斯河的对岸等着亚历山大。这条大河比印度河更宽阔，水位更深，融化的积雪和**倾盆大雨**同时让河水水量大增，但大帝没耐心等太久，因为波拉斯正在等待他的盟军……

怎么避开大象，趁印度国王不注意时**神不知鬼不觉**地渡河呢？亚历山大迅速想出了一条计策。在此后几天内，他让人吹响军号，大喊大叫地在河岸跑来跑去，表现出他正试图让各个队伍渡河。每次跑动，波拉斯就让主力军向他们的登陆点移动，

庞然大物：巨大的生物或物体。

倾盆大雨：季风期的暴雨，马其顿人没有经历过。

神不知鬼不觉：在某人毫无觉察的情况下。

试图阻止所有渡河的马其顿人。但最后他的军队被搞得烦不胜烦，就只是远远地监视着亚历山大的动静。亚历山大找到河岸一处最理想的渡河点，是河流的一个拐弯处，岸边都是小树林，可以很好地掩护船只和马匹。

一直等到一个下着大雨的夜晚，渡河的最佳时机到了：雨量猛涨，雷声隆隆，漆黑的夜空中到处是火星，敌人完全分辨不出队伍的行踪，也听不到步兵登上藏在树丛中的船的响声。拂晓时分，亚历山大发出了信号，一半的军队开始渡河。波拉斯发现这一点时，骑兵已经上岸，但他并不想亲率大军前去袭击，因为剩下的军队已经在克拉特拉斯的带领下渡河了。他就派出他的儿子驾车前去，但是地面泥泞不堪，马车陷入泥潭，驾车的人都被马其顿人打败了。

亚历山大率军前来了，波拉斯在阵前部署了一列大象，中间留有一点间隔，在每个空隙后面都躲着步兵。这种阵队犹如一座可移动的城墙，因为乘大象的士兵就

像塔楼一样高高在上！亚历山大喜欢从侧翼攻击骑兵，不断后退的印度人很快被大象堵住了，亚历山大这边的方阵包围住大象，并向**驭象人**投标枪，

驭象人：大象的驾驭者，坐在大象的头后面。

但是他们座下的这些庞然大物开始进行大屠杀：马其顿士兵或是被踩死，骨头被折断；或是被大象的长鼻子卷起抛到空中，然后摔到地上粉身碎骨；又或是被大象的长牙刺穿身体，伤势过重而死亡。马其顿人没有因此气馁，反而直冲到底，攻向驭象人。那些大象在失去驭象人之后，在自己的阵营里胡冲乱撞，肆意踩踏印度士兵。

波拉斯召集起还没有受伤的大象，命它们向敌人猛攻。他爬上一头最高大的象，而他自己身高有二米，这

让马其顿士兵望而生畏。但是亚历山大仍保持冷静，他让弓箭手集中向波拉斯射箭。这位王被来自四面八方的箭射中，血流了很多，他的驭象人以为他死了，就让他的大象跪下来，想把他放到地上。但是当马其顿士兵冲过来时，他的大象抓起波拉斯已经毫无生气的躯体放到了自己的背上，不让任何人接近，这才救了波拉斯一命。可惜这头大象最终被长枪和箭刺中，倒在了地上。

这时的波拉斯仍然没有死，亚历山大被他的英勇折服，用王室规格救治他，直到他苏醒。在等待波拉斯醒来的期间，亚历山大在希达斯皮斯河的两岸建造了两座新亚历山大城。其中一座被命名为布西发拉斯，是为了纪念他刚阵亡的心爱战马。这是一匹脾气很烈的马，亚历山大在年轻的时候驯服了它。

然后亚历山大为神献上了丰盛的祭品，听取新盟军波拉斯的建议后，决定前往东方。接下来要跨越三条大河，穿过未知的地区，还要征服当地的人民……

长得像老虎的狗： 一种西藏的獒犬，根据希腊人的描述，是狗和母虎的杂交产生的后代。

马其顿士兵一路上见到了一个又一个奇观，也经历了一次又一次的恐慌。他们第一次见到了一些新的动物，有猴子、鹦鹉、巨蟒，甚至还有**长得像老虎的狗**。

这片地区荒无人烟，军队需要一边行进一边修路，一路上总是遇到堡垒，胜利、屠杀、叛乱充斥着征途……

但亚历山大走得越远，已知的**人类居住的极限**就一再被突破。当地领主在他们渡过黑发西斯河（印度河的最后一条**支流**）之前就告诉过他们：

"困难还远没有结束呢，在河的另一边，还有一个更大的王国，受到一个强大的国王的统治，您要在沙漠里走十二天才能遇到他们。"

亚历山大起初还不相信，但他很快就满怀激情，想要完成他的伟大计划。可是军队呢？士兵们毫无士气！大帝想召集马其顿人，像往常一样鼓舞他们的士气。但这一次，他在浪费时间。在他发表完激昂的演讲后，现场一片沉寂，没有人敢开口，所有人都悄悄地移开了视线。最终，面对如此愤怒的亚历山大，科纳斯代表所有人发言了：

"亚历山大，看看我们吧！你的马其顿人呢？那些和你一起穿越**赫勒斯滂**的士兵们，大多数已经不在了：有些受伤而亡，有些精疲力竭，在路上冻死或是饿死了；其他人则被扔在驻地，一生只能客居异乡——而这往往都违背了他们的意愿！至于我

人类居住的极限：之前马其顿人对于印度只知道印度河河谷地区。

支流：汇流向更大的河道的大小河流。

赫勒斯滂：隔开欧洲和亚洲的海。

们这些留下来的人，早就因为每天数公里的奔波而疲惫不堪：在这八年中我们走了两万里，我们都成了什么样子？我们穿着蛮族的服装，我们的武器都变钝了，甚至连马蹄都磨损了！我们只有一个想法：回家，回去看看我们的家人和故土！你也是，亚历山大，人民都在马其顿等你，和我们一起回去吧。总会有时间回去的！"

所有人都鼓起了掌，对他的讲话表示赞同。亚历山大愤怒地离开广场，回到了自己的营帐中。他三天都待在营帐里，希望可以借此让他的士兵转变想法，但这无济于事。

最后，面对兴高采烈的人群，他下令折回到希达斯皮斯河。但他表示必须留下他曾来过这里的痕迹。首先，他提出要建造十二个高于二十米的祭坛，向**十二位奥林匹斯神**致敬，并纪念**他们的功绩**。然后他修建了一个营地和一些可以容纳巨象的临时营帐，这样他就能保证自己和军队会给人留下有威慑力的形象！

十二位奥林匹斯神：希腊主要的神，居住在奥林匹斯山顶。

他们的功绩：此处主要指赫拉克勒斯的功绩，亚历山大把自己比作他。

木槿花

印度 印度对于古希腊人来说，是人类可居住世界的极限，他们认为过了印度就空无一物，只有环绕大地的海洋、河流。而且，印度在他们眼中仅局限于印度河谷（现为巴基斯坦），他们对庞大的南亚次大陆一无所知！

动物与植物

印度是一个奇妙的国度：对于马其顿人来说，一切都很新奇，有些动物很有趣，例如**猴子**和**鹦鹉**；有些令人害怕，例如老虎和蛇（有眼镜蛇、巨蟒），或者蝎子。**榕树**能覆盖广阔的地面，因为它们倾斜悬挂的树枝会生出新的根。

哈奴曼叶猴

奇怪的民族

马其顿人遇到了一些没见过的人种：他们被描绘得身形高大，黑色的皮肤或深或浅，他们是出色的战士。

眼镜蛇

僧侣雕像（犍陀罗国的艺术）

犍（jiān）陀罗国艺术

即使马其顿人出现在这个国家的时间很短，他们还是在犍陀罗国（今巴基斯坦北部，存在于1世纪至4世纪）的艺术中留下了永恒的印迹。犍陀罗国艺术将印度的主题（佛教）和希腊的风格（灵活的人物身体，衣服的皱褶）融合在一起。

"马其顿士兵一路上见到了一个又一个奇观，也经历了一次又一次的恐慌。"

头戴象皮饰物的亚历山大

半神亚历山大

亚历山大在后世与赫拉克勒斯齐名，无疑是因为他打败了波拉斯和他的大象。在这个硬币上，他头戴象皮饰物，就好像赫拉克勒斯头戴尼米亚猛狮的皮一样！

大象

希腊人知道如何对付它们的长牙，他们找到了捕捉并驯化大象的方法，使它们成为劳作动物或者战争中的坐骑。

婆罗门

战象

赤身裸体的贤者

希腊语中的"修行者"一词指的是僧侣和受过训练的婆罗门（教士），他们可以控制自己的身体和痛苦，视世俗物品如粪土。他们丝毫不在意亚历山大，即使后者努力想获得他们一部分人的支持。相反，他们是印度反对马其顿人的主要力量。

沿河而下，进军海洋

亚历山大在秋季巩固了舰队，返回希达斯皮斯河，计划沿河而下，到达**海洋**。只有到了那时，他才会向西返回巴比伦，这样的征途就超越了他之前所有的希腊人，甚至是那些传说中的半神。

援军队伍到达了，在几周之内准备好了船只，有三十桨的大船和一些用来运输的小船，总共一千多艘！亚历山大让波拉斯管理这个地区，然后命克拉特拉斯和赫费斯提翁带着队伍、行李和大象沿河边行进。天亮时分，亚历山大先祭拜了赫拉克勒斯和阿蒙，然后向河神**浇祭**，再和大家一起上船。队伍浩浩荡荡，印度人从来没有看到过这样的景象：河面遍布船舰。船舰之间间隔有序，河岸回荡着桨的击水声和回声，以及**桨手长**的喊声。印度人都很惊讶，跟着船走了很久，伴着阵阵鼓声，他们又唱又跳。

海洋： 希腊人称环绕大地的海（或大河）为海洋。

浇祭： 宗教仪式，指洒液体（葡萄酒、水或奶）在地上或是祭坛上，以纪念神灵。

桨手长： 向桨手指示划桨节奏的人。

一开始他们轻轻松松地顺流而下，但在第一个**合流点**河床变得很窄，水流湍急，水像是沸腾了一样，响声震耳欲聋。这些船都被旋涡吸住，不过各自命运不同：那种**圆圆的船**不停地旋转，顺着水流冲出去很远，所幸没有遭受很大的损失；而那些**长长的船**都被波涛折断了桨，船身还经受了巨大的冲击，甚至有两艘船连同船上的士兵都消失不见了。亚历山大一到河面宽阔的地方，就救援遇难的水手，弥补**海损**。

然后他们到达了还没有归顺的国家——马利亚。亚历山大使用了他一贯的手段：突袭，猛攻，围剿。被征服者都被无情地杀死，不过这次出现了新变化。马利亚人肯定是受**印度教士**们的抵抗运动启发，认为与其把地盘拱手相让，不如自己去放火烧毁家园。

在攻打首都的过程中，亚历山大与死神擦肩而过。

在全力进攻时，士兵们磨磨蹭蹭地在城墙上搭梯子，大帝夺过一个梯子就爬上去。远远跟在亚历山大后面的是朴塞斯塔斯，他手中拿着在特洛伊得到的雅典娜的神圣盾牌。士兵们为自己落后于大帝而惭愧不已，就都争先恐后地跟着他

合流点：主河道和支流交汇的地方。

圆圆的船：是运输船，船身大而高。

长长的船：是战船，船身较窄。

海损：船遭受的损失。

印度教士：婆罗门，其中一些人建议自焚。

爬上梯子，但是人数太多了，又一片混乱，导致梯子都被压断，近卫兵们都掉了下来。亚历山大就一个人站在城墙上面，靠他仅有的盾牌来抵挡敌人投射的武器。可能是出于对危险的轻视，也可能是出于对荣耀的热爱，他纵身一跃，跳到了敌军阵营里，消失在慌乱的马其顿士兵的视线中。他背靠敌营里的一棵树，孤身面对众多敌人，而敌方太过于震惊，一开始都忘了攻击他。但这种停滞没有持续多久，箭和枪就像雨点一样朝亚历山大身上射去，他向他们投掷石块反击，最终印度人鼓起勇气，慢慢接近他。亚历山大用剑刺杀了好多印度人，但之后一支箭穿过他的盔甲刺入了胸口。亚历山大眼前一片模糊，倒在了地上。幸运的是，有三名一直紧随其后的军官找到他了，朴塞斯塔斯用盾牌保护他，另外两个直面攻击者，其中一个很快战死，朴塞斯塔斯和另一个战友身负重伤，但没有向敌人屈服。

最终，马其顿人都来了！前面的士兵把亚历山大带到隐蔽处，其他人怒火冲天，绝望地以为自己的大帝会死去，便在城内发动了疯狂的屠杀，几乎没有一人幸存。

被送回营地的亚历山大需要接受手术，要切开伤口才能取出箭。他流了很多血，一次次地昏迷过去。整个军队都担忧不已，士兵们争着抢着围在他的营帐周边，号啕大哭。最终，他健壮的身体赢了死神，慢慢地康复了。

但是在此期间，称他已经死去的消息传遍了帝国，马其顿人仿佛身陷难以渡过的河中感到无助和迷茫，目之所及，都是无法克服的重重阻碍！亚历山大知晓他们的反应之后，自己乘船到大本营，没有了营帐的保护，可以让士兵们都能看得清清楚楚。下船之后，亚历山大不乘**轿子**，在一片欢呼声中骑马前进。他的士兵们这下

轿子：人可以坐在上面出行，由人或动物搬运。

放心了，都围着他，想要摸摸他、拥抱他，却又责备他："要是你死了，我们该怎么办？""你是我们的首领，我们需要你！""以后就让我们去冒这些险吧！"

亚历山大对他们的关怀感到很开心，大声地回答道："正因为我总是在前冲锋陷阵，你们才对我如此信任啊！"

　　亚历山大痊愈后马上开始了航海征途。新部队的到来扩充了军队，新建的一批亚历山大城保障了大家的安全。但是新的危险也渐渐出现，比如毒箭，即使士兵受到一点轻伤，伤口也会感到麻木，然后是剧烈的疼痛，紧接着是**痉挛**（jìng luán）和呕吐，直到全身**溃烂**而死。亚历山大找到了灵丹妙药。在托勒密被毒箭所伤的时候，大帝在梦中看到了能配制解毒剂的植物，采摘之后让他的朋友服下去，之后让其他伤员都服用这种植物。敌人最终

痉挛： 身体无法控制地剧烈颤动。
溃烂： 身体的组织腐烂。

战败，那些印度教士被处决。马其顿人势如破竹，军威让人畏惧，以至于军队接近某地时，所有人民都和国王一起逃跑了。那些愿意投降的人便献上贵重的礼物，例如穆西卡纳斯，他除了向亚历山大献上马车和相当数量的马匹，还有驯服的狮子和老虎、巨型蜥蜴皮和乌龟壳。

亚历山大在到达印度河三角洲之前，组织军队回到了西边。克拉特拉斯率领他的队伍，带着伤员、行李和大象穿过了已经平静下来的阿拉科提亚地区，一直走到卡曼尼亚城。其他人跟随大帝，沿着河一直走到河口。由于该地区是荒漠，所以必须就近挖一些井，以便为船只提供休息和维修的港口。任务非常艰巨。另外，船在航行中遇到了困难，但这个地区的印度人都跑光了，没有人能够来帮忙。

在一阵暴风雨之后，马其顿人遇到了一件怪事，令人心惊胆战。当时船在一处**小港湾**抛锚停泊，水位突然怪异地下降了，军舰都泊在干涸的河底。

小港湾： 水位不深的小湾。

士兵和水手吓坏了，数小时后情形发生了逆转：河水上涨，惊慌失措逃到小岛上的人很快就被水吞没了。更糟糕的是，波涛猛地把船抬了起来。当船在淤泥中抛锚时，损害还不大；但如果船泊在岩石底上，

反复的冲击最终会损坏船体。军队在对船只进行了必要的维修后，一刻不停地再次踏上了征程，因为此时的亚历山大已经掌握了**潮汐**起伏的规律。亚历山大驶出印度河之后，到达了公海，他把牛扔到海浪中献祭**波塞冬**。

他还向大海浇祭，将祭祀用的金杯扔到海里。他也表明了这是他征服之旅的极限，因为在海上的他无法前进到更远的地方。

潮汐：此前的希腊人只了解地中海，没见过潮汐。

波塞冬：希腊神话中的海神。

在克里特岛，他委托尼阿库斯沿着海岸进行探索性航行，一直到幼发拉底河口。之前，他半路上在卡曼尼亚城会见了克里特岛人。这次远征对他来说非常重要，他计划与部队一起沿着海岸前进，以确保能向舰队供应充足的水和小麦。

出发了！军队首先沿海岸朝着格德罗西亚地区进军。但是亚历山大的名声先于他传到了各地，人们在他接近时纷纷逃到沙漠里，在这样的条件下很难实现之前预想的物资供应。而更远处情况截然不同，奥里特人拼命抵抗，最终惨遭屠杀。

格德罗西亚地区是沙漠，必须在夜间行军以避开白日的高温。沙漠中水源稀少，储备的水和粮食快要用光了，士兵们只能吃一些植物的根。他们饥肠辘辘，最后都去吃骨瘦如柴的**劳作牲畜**了，而那些无法运输的战利品只好就地烧掉。此时，必须尽快赶去一个条件不那么恶劣的地区。

劳作牲畜：用来拉载货车的动物。

这一路上，最弱的士兵被抛弃，因为他们会减慢队伍的行进速度。还能坚持赶路的士兵低着头离得远远的，捂住耳朵，不敢听那些抱怨和诅咒。

两个月之后，当亚历山大到达保拉，站在卡曼尼亚的城门前时，他已经失去了四分之三的军队，剩下的队伍已面目全非。

大河和海洋 这是亚历山大和他的军队在行进过程中遇到的最大障碍之一。就像在大山里或沙漠中那样，亚历山大不肯屈服，而是用尽一切办法试图征服这些困难。

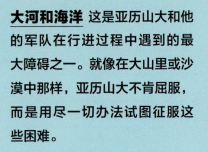

座头鲸
身体可以长达 15 米

巴基斯坦一条河流上的木筏

海洋

马其顿人在海洋里遇到了更大的危险：潮汐，他们在地中海从来没见到过；还有鲸，在他们眼中那是一种巨大凶猛的怪兽。

有桨船

"河岸回荡着桨的击水声和回声……"

河流

有时可以渡过去，比如格拉尼卡斯河。但河流通常更深，或是水流湍急，因此需要建造桥或者别的通道。要是遇到非常宽的河流，例如底格里斯河或印度河，木筏和船只就必不可少。亚历山大有时选用石头或沙子填一些深坑，有时附近缺少木材，大家就用装满干稻草的巨兽的皮作为木筏。

船只

一艘接一艘连在一起的大船形成了浮桥，让人可以到达对岸。有一种圆圆的船又宽又高，但速度较慢，人们通常用它来运送队伍，尤其是运输马匹和物资。而战船更窄长，有许多排桨，可以确保前进速度够快，但是十分脆弱，因为桨离水面更近，很难躲避激流的撞击。

印度河

鳄鱼

鳄鱼

威胁着马其顿人的还有遍布尼罗河两岸的鳄鱼，亚历山大在印度河岸也遭遇了它们。

在苏萨城的婚礼

亚历山大在保拉城找到了军需物资，这下可以让经受了痛苦考验的士兵们进行必要的休整。然后，为了向狄俄尼索斯致敬，军队用**酒神狂欢游行**的仪式穿过卡曼尼亚城。亚历山大和战友们坐在四轮马车上搭的台子上，欢乐地狂饮狂吃，后面跟着头戴叶冠的士兵，他们边走边吹笛击鼓。

亚历山大已经和克拉特拉斯会合了，他在观看一出戏剧演出时，看到尼阿库斯和他的战友们到了。他们刚刚在波斯湾的入口处下船，旅途似乎非常危险。军队在戏台上欢呼雀跃起来，热烈地鼓掌。之后，尼阿库斯向亚历山大和他的朋友们讲述了他可怕的冒险经历："我不想跟你们讲那狂风，它猛烈得让大海卷起白色泡沫；也不会讲潮汐，它对于沿海地区是如此重要，我们能看到整座岛一会儿出现，一会儿消失不见；最惊人的是我们碰到过的那些**海中怪兽**，比我们的船还大！我们当时以为到了生

酒神狂欢游行： 伴随着酒神狄俄尼索斯的狂欢游行。

海中怪兽： 实际上是鲸。

命的最后时刻，但由于我们闹出的动静太大，它们又扎入海里逃走了。那些住在荒凉的海岸上的居民都是半裸着身子的，既不剪头发也不剪指甲！他们的手指像剃刀一样锋利，这样才能把他们唯一的食物——鱼开膛破肚。此外，他们用的一切都是从海里获得的，甚至房屋的建筑材料也是，他们的房子由搁浅在岸上的巨大海兽的骨头建造而成。"

听众们听到这些故事都惊叹得张大了嘴巴，亚历山大很想和尼阿库斯一起乘船去发现更多的奇观，他已经在思考要进行新的旅程和新的征途了，去阿拉伯半岛、迦太基，甚至还有那个传说中耸立着**赫拉克勒斯之柱**的伊比利亚……

赫拉克勒斯之柱：现今的直布罗陀海峡，位于非洲和西班牙之间。

但是他要关注他的帝国。他又有了新的担忧：许多部队和将军以为亚历山大不会从印度的征程中活着回来，便为了一己私利滥用职权，掠夺和恐吓臣民，或者公开反对大帝。而大帝毫不犹豫地处决了这些罪犯，并任命了新将领，让一切回归正轨。

为了更好地处理帝国的政务，亚历山大回到了首都苏萨城。他在那儿举办了自己的婚礼。他之前已经娶了索格蒂亚纳女人罗克珊娜，这次迎娶了大流士的女儿斯姐忒拉，还有波斯前任大帝的女儿帕瑞萨娣斯。但亚历山大看得更长远，这不是一场婚礼，而是二十四个人在同一天受到祝福：赫费斯提翁娶了斯姐忒拉的妹妹为妻，克拉特拉斯娶了大流士的一个侄女，尼阿库斯、托勒密、坡狄卡斯和其他战友都分别娶了波斯或米底的其他公主。婚礼以波斯的方式来庆祝，新郎们坐在扶手椅上——坐了好几行——互相祝酒，然后他们的新娘进来坐在他们旁边。每个人都握着自己妻子的手，亲吻对方，然后就带着她们出去了。

亚历山大幸福地注视着这些姻缘，最重要的是，这将确保他的帝国和平与统一。他一如既往的慷慨，送给每位公主一份新婚礼物。这还不是全部，他还给每个娶了亚洲妻子的马其顿人（十年之内就超过了一万人）送了祭酒用的金杯。对于那些马其顿人和战俘生的孩子，他都送了自由人的身份，还授予他们教育奖学金。

帝国的疆域是多么辽阔啊，现在正是巩固它的时候！

首先是欧洲，亚历山大不再听从前盟友希腊人的意见，而是直接向他们下达命令。时值夏季，这些希腊人

正聚在一起举行**奥林匹亚竞技**，突然接到一位特使来报：

奥林匹亚竞技： 在奥林匹亚的宙斯神殿举行的神圣比赛，每四年举办一次。这些竞技活动是泛希腊的，也就是说聚集了所有的希腊人。

从此以后亚历山大要求每个城邦都尊他为神，而希腊人与亚洲人将享有同样权利。这些新要求激怒了许多希腊人，但这位大帝比他们更强势……

接下来是亚洲。通婚是让各族人民凝聚在一起的一种方式，而另一种民族大融合的途径就是习俗的融合。亚历山大对此非常上心，他任命朴赛斯塔斯为波斯总督。这位新总督不仅尊重波斯臣民的服饰和习俗，还学习他们的语言。

此外，三年前被招募进来接受马其顿培训的三万名年轻波斯人如今已是出色的士兵，亚历山大将这些士兵

编入了方阵。亚洲的骑兵也被纳入了马其顿骑兵队。马其顿士兵的情绪特别激动，尤其是在亚历山大决定解雇一万名老兵的时候，这些马其顿人气得发狂，引发了一场**兵变**。在一次集结中，他们对大帝说："你呀，自己不回马其顿就算了，还要把我们都撵走！"

> **兵变：** 士兵集体不服从军令，反抗上级。

"是不是我们太老了，你不再需要我们了？"

"你让新兵取代我们——那些波斯人，那些蛮族！"

"你不再是马其顿的亚历山大了，你成了波斯人的大帝！"

亚历山大的脸逐渐气得发白，表情也渐渐变得冷酷。他从台上一下子跳下来，护卫队紧随其后。他穿过马其顿人的队伍，向他的护卫指出总共十三名将领，命令立即将他们逮捕，就地处决。

面对其他吓得瑟瑟发抖的人，亚历山大发表了讲话："马其顿人啊，你们太健忘了！我要让你们回想起我是谁，你们是谁。当我的父亲腓力二世上台执政时，你们不过是一群穿着兽皮的牧羊人，跟着几只羊到处跑，爬山越岭，面对色雷斯人的攻击毫无还击之力。是腓力让你们得到教化，他给你们带来了一切文明的东西：服装、城邦、法律和贸易。他使你们不仅能打败色雷斯人，还能征服底比斯人和雅典人。但这与我给予你们的相比不算什么！我不仅完成了我父亲的职责，还将大家带离了那个没能养活你们的国家。而现在呢？你们坐拥了亚洲的所有财富，而我经历所有这些劫难后，除了**红袍**和王冠，什么

红袍：只有最高统治者才能穿这种颜色的衣袍。

也没有为自己留下，你们却还要责怪我。我赢得的所有宝物都不是给我自己享用，因为我和你们吃的相同，睡的也一样——可能不是，因为我总是比你们起得早。我也和你们一样参加战斗，我们可以比一比身上的伤疤，我的身体没有一处幸免于刀枪之下。

"除了财富，我也给予了你们荣誉，生者得到了金冠，

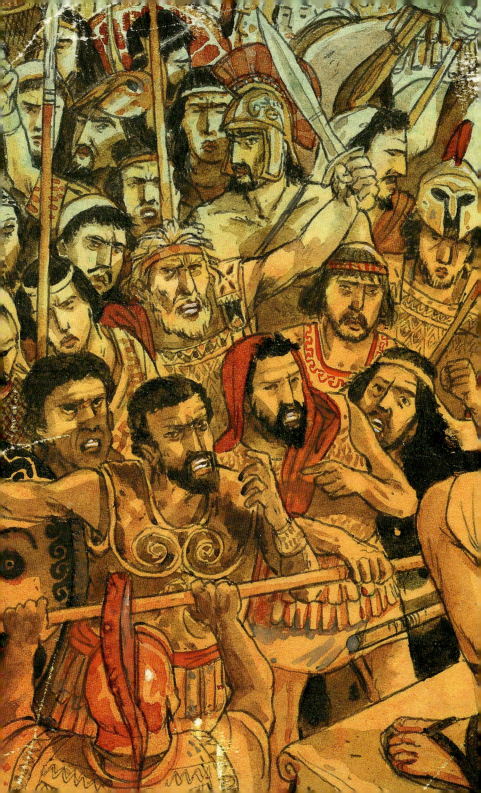

死者都有隆重的葬礼。我让你们中那些奋力拼搏的人都得到了长眠。

"不过既然你们想回去，那就回去吧。去告诉乡亲们，你们的亚历山大大帝带领你们走遍了世界，你们却把他扔给了被征服的蛮族人来守护。你们回去吧！"

说完这番话，他跳下讲台离开了，他的近卫兵跟在后面。三天里他消失在众人的视线中，然后召集波斯精英，给他们分配职务。他甚至还让波斯人组建了新的近卫队。

马其顿人起先**不知所措**，看到这些变化又心慌意乱，最后争先恐后跑到王宫去。他们在殿前

不知所措：不知道该说什么，也不知道该做什么。

一动不动，请求亚历山大发善心原谅他们，没有得到原谅他们是不会离开的。大帝对哀求的众人妥协了，看到他们在哭泣，他也潸然泪下。那些马其顿人之前看到亚历山大像对亲人一样对待波斯人，而他们不能亲吻亚历山大，感到十分痛苦。为了安抚他们，亚历山大立即下令说所有马其顿人都是他的亲人，并亲吻了所有想亲吻他的人。

为了将这次和解做到尽善尽美，他让人搭了一个巨大的帐篷，在里面大摆筵席。他周围坐着马其顿人，稍

远一点是波斯人，接着是亚洲其他部族中有声望的人。
帐篷里面一共有九千多人，所有人都共
同祭酒，用同样的**大酒杯**，之后他们一
起唱了**颂歌**。

　　之后到了秋天，亚历山大出发去了
埃克巴塔纳城，然后前往巴比伦城。他
幻想进行新的征途，但是对自己的命运一无所知……

大酒杯：一种带有手柄的大容器，里面可装混合了水和一种非常浓烈的葡萄酒。

颂歌：庄严的赞美歌。

女性 女性在亚历山大的生活中扮演了重要的政治角色，大帝的一生没有什么爱情故事，所以一些古代的历史学家创造了一些，比如讲述他与一位亚马孙女战士的邂逅。

阿施塔特

婚姻

对古代女性来说这是重要的时刻，因为婚姻让她们从父亲的权威下转到了丈夫的权威下，并让她们变成母亲。但是在战争年代，被捕的女性都会被当成奴隶对待。那些被士兵们娶走（通常是用武力强娶）的女性俘虏，总是在士兵回国之后就被抛弃，包括在这段关系中诞生的孩子。

腓尼基的丰饶女神

与众不同的女性

从希腊到亚洲，从腓尼基到索格蒂亚纳，亚历山大和他的士兵们见到了一些在外形和服装上都非常特别的女性。但她们操心的事情与希腊女性又很相似，主要是如何保持魅力以及分娩。对腓尼基的丰饶女神阿施塔特的崇拜，就能体现这一点。

希腊婚礼的准备工作

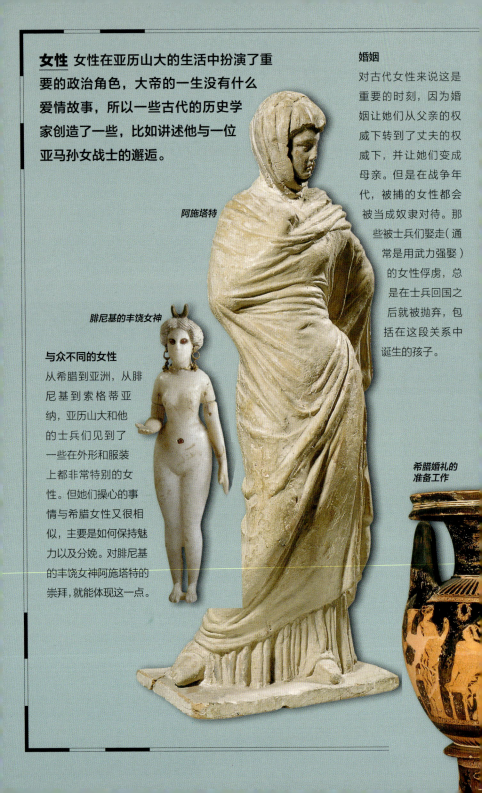

阿富汗女性

政治联姻

只有贵族妇女才有机会受到尊重，因为重要人物的女儿有政治作用。亚历山大和他的将军们通过与这些女性结婚，得以和她们的父亲签署结盟条约。然而我们并不知道亚历山大和罗克珊娜的婚姻是不是仅仅出于政治目的，因为据说她非常美丽，并且拥有与这张美丽面孔一样的优雅！

> "但亚历山大看得更长远，这不是一场婚礼，而是二十四个人在同一天受到祝福……"

亚马孙民族

这个传说中的民族只有女性，且都是由骑马的弓箭手组成。她们只让那些能够生育的男人靠近，也只留下女孩来抚养长大。她们的女王听到人们盛赞亚历山大的品质，就想找他生一个孩子，因为她很需要一个精干出色的女战士！据说，亚历山大完全被她迷住了，任凭对方摆布……

亚马孙女战士

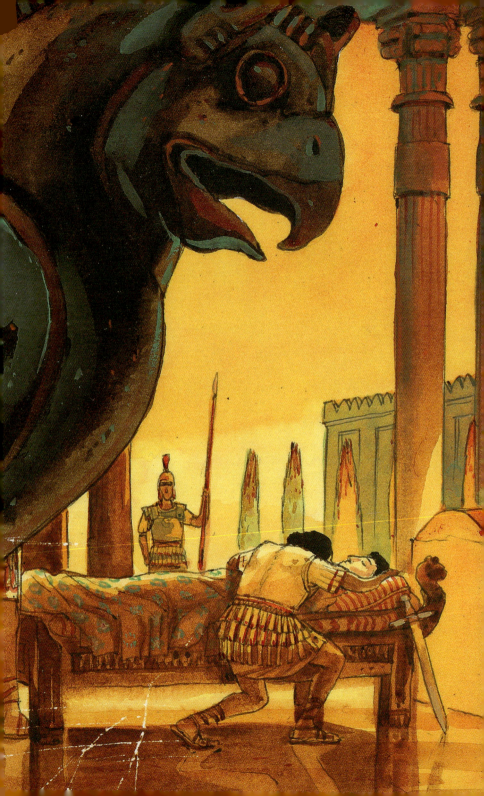

史诗的终结

埃克巴塔纳是一座被诅咒的城邦！起初一切都很顺利，亚历山大和他的朋友们像往常一样举行献祭、比赛、宴会和狂欢，直到一场严重的发烧打垮了赫费斯提翁。六天后，当亚历山大参加一场**青年级**的比赛活动时，一个信使跑过来说："亚历山大！亚历山大！你快来，赫费斯提翁快不行了！"亚历山大的整张脸一下子变得煞白，毫不迟疑地离开运动场，飞奔到他朋友那里去。但是太晚了，赫费斯提翁已经过世了。

大帝伤心得发狂，扑在尸体上不肯起来，他的战友要用力才能把他拉开。他不吃不喝躺了三天，泪流不止，也不许别人来照料他。最终他起来了，但他的痛苦使他做了一些极端的事情：他不满足于只是**剪掉头发**，就让人把他的马的尾巴剪掉了，他禁止别人吹奏笛子，还推倒了邻城的城墙。最可怕的是，他叫人把未能治好赫费斯提翁的大夫格劳西亚斯钉死在了十字架上。

青年级： 运动竞技比赛有成年级，还有青年级。都是男性参加。

剪掉头发： 表示痛苦和哀悼的风俗。

他下令让全国一起哀悼，一直到火葬台上的火熄灭。他为好友发布了高规格的讣（fù）告，这种规模在波斯只有国王去世时才会有。亚历山大希望葬礼可以隆重举行，因此，大家决定把遗体运送到巴比伦，在那里举行葬礼。

在向西前进的路程中，亚历山大率领军队前去征伐那些还未投降的科萨亚人，他们干着土匪的勾当。亚历山大认为这对缓解他的悲痛有作用，就全身心投入到对他们的进攻中，杀掉敌军，把他们当作祭品献祭——赫费斯提翁葬礼的祭品……

但是，亚历山大不会忘记他的计划：为了制造新的战船，他派出一部分军队到赫卡尼亚的山上砍伐雪松。他需要这些船去探索北部的赫卡尼亚内海和南部的阿拉伯半岛。

离巴比伦还有几公里时，他遇到一队**卡尔达亚的占卜家**，这些占卜家前来提醒他不要去巴比伦城，此程必死无疑，因为星象的喻示非常**明晰**。亚历山大一开始有点害怕，但哲学家阿那克萨卡斯叫他放心，说这些都是**迷信**罢了。于是亚历山大继续上路。此外，底格里斯河的河岸都是沼泽地，

讣告：人死后报丧的告示文书。

卡尔达亚的占卜家：来自巴比伦的天文学家，能从星宿上解读命运。

明晰：非常明亮且清晰。

迷信：毫无理由地相信幸运或厄运的预兆。

军队很难穿行。似乎有一位神在将亚历山大推向巴比伦城……

最后，他们终于在春天到达了巴比伦城。许多代表团蜂拥而至，到王宫拜见大帝，为他献上花环或礼物，与他缔结同盟条约。亚历山大已经声名远播了。这些大使来自希腊、非洲或意大利，甚至还有遥远的伊比利亚。亚历山大只能先接见他们，尽可能地满足他们的请求，之后终于能专心地准备赫费斯提翁的葬礼。

他建造了一座巨大的纪念柴堆：两侧长达二百米，基座高六十米，装饰有战利品、雕像和闪闪发亮的镶金王冠。轰鸣的笛声掩盖了葬礼歌手悲歌的声音。之后举办了盛大的宴会，大家给宴会献祭了一万头动物，体育活动和艺术活动也非常特别，有三千名参与者互相竞争。这些加起来一共花费了一万多塔仑。

自此以后，对赫费斯提翁的纪念，使人们形成了对他的英雄崇拜，这种崇拜传遍了帝国的亚洲区域。一座座殿宇相继建成，尤其是在埃及的亚历山大城，这里的殿宇都装饰有战友提供的金子和象牙制成的雕像。所有人，包括战友们，都在迎合亚历山大的心愿……

同时，亚历山大并没有放弃自己的计划：除了那些新建造的船只之外，他们还从腓尼基引入船只拆掉重造，以增加尼阿库斯部队的船只数量。大家开始在巴比伦新建一座可以容纳一千艘战船的大型港口，还修建了新的**船坞**（wù）。亚历山大让来自叙利亚和腓尼基的水手、

船坞：用来建造、修理和装备战船的机构。

潜水员和渔民组建部队。一支庞大的军队建成了，亚历山大会让他们去进攻阿拉伯。他已经派出侦察船去探索半岛的海岸，并确信有一条海上航线连接埃及和巴比伦。

但是凶兆接踵而至。当亚历山大在底格里斯河附近的沼泽中航行时，突然一阵大风刮过，吹掉了他的王冠，挂在了芦苇上。一名水手赶紧跳下水去把王冠带回来交给亚历山大，但是他怕把王冠弄湿，就把它戴在头上游了回来。他获得了一塔仑，但因为胆敢把大帝的标志戴在自己头上，亚历山大竟叫人鞭打他！

更令人担心的事情还在后面。有一次亚历山大离开王位去进行洗礼仪式，一个陌生人穿着王室长袍和王冠，混进仆人的队伍中趁乱坐上了王位。大家都惊呆了，惶恐不安，起先都不敢碰这个神秘人，直到他同意走下来，他们才敢上前抓住他。他的行为令人费解，仿佛是受到了神谕的启示。为了破除他带来的凶兆，大家决定把他

处死。但是，命运岂是如此轻易就能改变的呢？

夏初，大家最恐惧的事情成真了。在一场宴会之后，大家又举办了聚会，亚历山大突然发出一声大叫，他的战友们都吓呆了。大家把他带回寝宫，他痛得直哼哼。之后，他洗了个热水澡，好好地睡了一觉，看上去精神了一点。他又去参加了一个新的聚会，但这将是他的最后一个聚会了。亚历山大突然开始发烧不停，但每天还是乘坐轿子去献祭。后来他就再也不离开房间，但还是忧心征战阿拉伯事宜的他，就在床上召见将军们。

在去世的前两天，他已经无法说话。士兵们泣不成声，列队来到他的卧室里，想看看他是否好转，或是想见上他最后一面。亚历山大勉强支撑着身体，隐忍着痛苦点了点头向大家示意。他身旁的战友们都守在**塞拉皮斯**神殿里请求神的护佑，并准备把大帝运送到神殿里来。但是神谕清晰地显示，亚

塞拉皮斯：源自埃及的治愈之神。

历山大最好留在自己的房间里。毫无疑问，神所说的"最好"的事，就是指大帝的去世……

亚历山大驾崩了，时年三十二岁零八个月，在位的时间是十二年半。他没有留下一儿半女作为继承人，但他最宠爱的妻子罗克珊娜此时已怀孕六个月。他还有一

个同父异母的弟弟可以继承王位，但是这个弟弟的意志太薄弱了。

总之，大家围绕着他的遗体开始了夺权之争，各位战友和将军要么支持这个，要么支持那个，还有几个人图谋**摄政**……

至于在这些纠纷中被遗忘的亚历山大的尸体，被保存在金色石棺中，受到了如同神一般的保护，令人难以置信。才第六天，他的遗体就被清洗干净，涂上了**防腐香料**。参加他葬礼上的竞技活动的人与几个月前赫费斯提翁葬礼上的相同——两个朋友死后终于团聚了。

最后，人们还制作了一辆豪华的殡葬车，计划把亚历山大的遗体运回马其顿的首都佩拉。但是，争夺遗体也是一场斗争：因为亚历山大是个征服者，所以他的身体就是力量的象征，埃及的总督托勒密在运输途中成功夺走了遗体。几年之后，亚历山大终于回到他创造的亚历山大城，被安置在一座纪念墓中。在那里，他会受到人们几个世纪的尊敬：亚历山大，**不败之神**。

摄政：在国王无法执政时（比如太过年幼）代行王权，处理国政。

防腐香料：有保存作用的化学物质（这是埃及和巴比伦的技术）。

不败之神：亚历山大希望通过这个称号在希腊得到尊敬。

神灵崇拜和英雄崇拜 两者几乎没有区别，只能通过各自的特点来区分：神是不死的，在整个希腊都受到崇拜，而英雄或半神（半神的父母双方中有一位是神，另一位则是人类）死后，在他们所建立的城邦中才会受到崇拜。

赫拉克勒斯进入奥林匹亚竞技场

赫拉克勒斯

成为神的半神。他是宙斯和一个凡人的儿子，具有超凡的力量和崇高的美德，被心生嫉妒的宙斯之妻赫拉追杀。正是因为她，赫拉克勒斯不得不费尽艰辛完成十二项任务，并陷入疯狂之中，遭受了许多苦难。他后来极度痛苦地死去，但宙斯随后让他居于众神之中。

众神

他们的特征非常容易辨认：宙斯的闪电，波塞冬的三叉戟，赫尔墨斯的飞靴。赫拉克勒斯也是如此，他身上披着尼米亚狮皮（是他在一次任务中获得的）。

赫拉克勒斯（头部雕像）

众神的祭坛

众神的祭坛装饰有他们的战利品，半神的墓和石棺也是如此。作为祭坛和祷告的场地，人们在那里举办游行活动，摆贡品献祭。

西西里的祭坛（赫拉克勒斯和海神）

> "亚历山大终于回到他创造的亚历山大城，被安置在一座纪念墓中。在那里，他会受到人们几个世纪的尊敬：亚历山大，不败之神。"

亚历山大雕像

竞技

人们为了表达对半神如同神一样的崇敬，举办了竞技活动，或者更准确地说是体育和艺术竞赛，获胜者会获得奖励和荣耀。

西顿的石棺（亚历山大骑在马上，头上和赫拉克勒斯一样披着狮子皮）

亚历山大

亚历山大去世后，与赫拉克勒斯和狄俄尼索斯（这两位也是从半神变为神的）一样被尊为神。人们为他雕刻了塑像，还在他的坟墓上描绘了他的功绩，他的坟墓也成为埃及重要的敬神场所。在很长一段时间里，人们都以为在西顿发现的石棺是亚历山大的，因为上面雕刻着他的伟大事迹，其中有伊苏斯战役。但这肯定只是他的一位战友的。那些在他去世后瓜分帝国的希腊国王们，在生前就把自己称作神。

从历史到神话

历史渊源

  在亚历山大远征的过程之中以及之后，他的同伴中有些人或多或少地记载了这段史诗，比如卡利西尼斯、托勒密和海军统帅尼阿库斯。不久之后，在托勒密王朝的王宫里，亚历山大学派的克来塔卡斯根据一些口述材料也写了一本书。所有这些记叙几乎全部遗失了，但是很久之后，一些作家从他们私藏的这些书中得到了启发，一些作家用希腊语撰写了亚历山大的传记，例如狄奥多鲁斯（公元前1世纪）、普鲁塔克（公元1世纪至2世纪）和阿里安（公元2世纪）；还有一些作家用拉丁语撰写，如柯提乌斯（公元1世纪）和查士丁（公元2世纪）。

精彩的情节

在《亚历山大传奇》一书中，作者伪托卡利西尼斯之名，创作了一些精彩的情节：亚历山大乘坐一个玻璃制成的桶潜入海底进行探索，或是在长矛顶端挂一块肉，引诱老鹰拉着吊篮带他飞上天空。

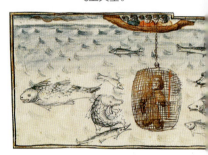

传说

  古代的史学家开始写传说故事。事实上，在那个时代，把奇妙的故事和现实混为一谈并不稀奇。狄奥多鲁斯或柯提乌斯大量使用神奇的情节和不足信的故事，甚至是所有史学家中最严肃的阿里安也与他们差别不大。在公元2世纪至3世纪，伪托卡利西尼斯之名者用希腊语写了一本《亚历山大传奇》，传奇故事在这本书中得到了充分的体现。在之后的几个世纪里，人们不断地往这本书中添加了大量的情节，这本书在

几个时间点

亚历山大是马其顿的腓力和伊庇鲁斯的奥林匹亚丝的儿子，出生于公元前356年，公元前336年登上王位，公元前323年死于巴比伦。

古代和中世纪已被翻译成多种语言，传遍了欧洲和中东地区。作者添加了各种情节，在他的笔下，腓力的儿子亚历山大成了一位埃及魔法师，与各种各样的怪兽搏斗，作者还加入了一些女性形象。有一个版本讲述了亚历山大在耶路撒冷的经历，他在那里有了犹太教信仰。这段情节在信仰基督教的中世纪被重述，使他成为骑士的模范人物。（这是法语版的《亚历山大传奇》，每个诗句都有十二个音节，这就是"亚历山大体诗"名称的由来。）

总之，亚历山大似乎启发了大半个古代世界中的作家和讲故事的人：从马里到泰国，从伊朗到英国，我们都能找到他的历险踪迹……

本书作者的立场

对于一些历史事件，古代史学家并不总是讲述得一模一样，我们选择了阿里安写的传记。在某些情况下，我们保留了一些神奇的情节，因为最好能让我们的读者有幻想的空间。在浩如烟海的各种情节中，我们要做出一定的取舍。我们优先选取冒险和征战的经历，同时保留了一些必要的细节，如面临的危险、一些战役和攻城战，以帮助读者理解。反之，我们没有考虑希腊的国家纷争，也没有写亚历山大政府的政策。

我们试图向读者传达我们所认可的亚历山大的形象：他是一个非同一般的人物，充满着矛盾，又十分有魅力，但他并不总是令人感到愉快的。

亚历山大的形象

哲学家们一点都不喜欢他，特别强调他的骄傲和残酷，还有易怒和嗜酒。但对许多人来说，他仍然是那种勇敢而慷慨、善良又尊重他人、富有知识和智慧的英雄。他英年早逝，俊朗的风采只能飘摇凋零。他勇敢而坚韧，富有政治智慧，从恺撒大帝到拿破仑，所有征服者都以他为榜样。最后，他对异国习俗抱有开放和包容的心态，这能给现代的政治家提供参考。

图片来源

8 左：有黑色图像的杯子，公元前 560 年，进击的希腊重装甲步兵，罗浮宫，巴黎©法国国家博物馆联合会／许泽维尔
上：温泉关©科比斯／W. 凯勒；
右：有黑色图像的细颈长瓶，阿喀琉斯拖着赫克托耳的尸体，罗浮宫，巴黎©法国国家博物馆联合会／莱万多夫斯基

9 左边：有黑色图像的细颈长瓶，阿喀琉斯坐在战车上，罗浮宫，巴黎©法国国家博物馆联合会／莱万多夫斯基
右：有红色图像的雅典式花瓶，一个希腊人和一个波斯人的搏斗，公元前 460 年，苏格兰，国家博物馆©布里奇曼艺术图书馆／吉罗东

20 左：波斯弓箭手，陶瓦，公元前 5 世纪，苏萨，罗浮宫，巴黎©法国国家博物馆联合会／莱万多夫斯基
上：斯基泰的骑兵，

库尔奥巴，公元前 4 世纪，艾尔米塔什博物馆，圣彼得堡©特瑞贝宁
中：亚历山大对战大流士，镶嵌画，庞贝，考古博物馆，那不勒斯©穆格努姆／E. 莱辛

21 上：雅典式花瓶，步兵，公元前 6 世纪，考古博物馆，那不勒斯©达格里奥蒂
右：护胸甲，腓力二世之墓，维吉纳，考古博物馆，萨洛尼卡©达格里奥蒂

32 左：亚历山大城的灯塔，青铜货币，康莫多斯统治时期，法国国家图书馆，巴黎，伽利玛档案馆
中：亚历山大大帝，底比斯，大理石雕像，埃及国家博物馆，开罗©布里奇曼艺术图书馆／吉罗东
中下：欧多克索斯的记录天文的莎草纸，公元前 3 世纪至公元前 2 世纪，埃及，罗浮宫，巴黎©法国国家博物馆联合会／莱万多夫斯基

33 右：公羊头的神像，古埃及晚王国时期，罗浮宫，巴黎©法国国家博物馆联合会／莱万多夫斯基
上：亚历山大城的考古发掘©《泰晤士报》／西帕

44 上：波斯波利斯王宫，墙顶装饰的大使们，公元前 5 世纪，伊朗©布里奇曼艺术图书馆／吉罗东
中：大流士之墓，波斯波利斯，伊朗©科比斯／戴夫·巴特鲁夫
下：伊丝塔宫殿中的墙顶装饰，巴比伦，狮子，陶瓦，公元前 6 世纪至公元前 5 世纪。考古博物馆，伊斯坦布尔©布里奇曼艺术图书馆／吉罗东

45 右：波斯波利斯王宫，公元前 5 世纪，伊朗©布里奇曼艺术图书馆／吉罗东
下：波斯弓箭手，陶瓦，公元前 5 世纪，苏萨，罗浮宫，巴黎©法国国家博物馆联合会／莱万多夫斯基

56 中左：卡帕多奇亚，土耳其©科比斯－赛格玛／乔纳森·布莱尔
中：尼罗河©科比斯－赛格玛／洛多威克·梅森
下：赫拉特，阿富汗©科比斯－赛格玛／斯文

57 中：沙漠，乌兹别克斯坦©科比斯－赛格玛／凯勒
右上：群山，巴基斯坦©科比斯－赛格玛／艾根布赖特
右下：帕米尔高原，中亚©科比斯－赛格玛／内华达·威尔

68 左：狄俄尼索斯，雅典风格，大理石雕像，罗浮宫，巴黎©法国国家博物馆联合会
左下：山林神，希腊化时代的埃及青铜像，公元前 2 世纪末至公元前 1 世纪初，罗浮宫，巴黎©法国国家博物馆联合会／莱万多夫斯基

69 中上：有黑色图像的双耳尖底瓮，狄

俄尼索斯、山林神和女祭司，公元前 520 年至公元前 510 年，罗浮宫，巴黎©法国国家博物馆联合会／莱万多夫斯基

下：酒神女祭司，希腊化时代的埃及青铜像，公元前 2 世纪末至公元前 1 世纪初，罗浮宫，巴黎©法国国家博物馆联合会／莱万多夫斯基

右：有黑色图像的花瓶，宴会，公元前 6 世纪，罗浮宫，巴黎©法国国家博物馆联合会／莱万多夫斯基

80 左上：木槿花，吉斯蒙德·居里亚思
左：僧侣，犍陀罗国，哈达，巴基斯坦，吉美博物馆，巴黎©布里奇曼艺术图书馆／吉罗东
中下：眼镜蛇©科比斯－赛格玛／乔·麦克唐纳
右上：拉贾斯坦邦神猴，哈奴曼叶猴©波伊斯／西里尔·罗索
右下：印度榕树©波伊斯／简路易斯·莫恩

81 左下：被大象踩

在脚下的战士，陶瓦，弥里娜，土耳其，公元前 2 世纪，罗浮宫，巴黎©法国国家博物馆联合会／热拉拉·布洛
中上：戴着象皮饰物的亚历山大，公元 2 世纪硬币，法国国家图书馆，伽利玛档案馆
右：婆罗门，犍陀罗国，仿大理石雕像，哈达，巴基斯坦，吉美博物馆，巴黎©法国国家博物馆联合会／阿诺代

92 左：鲸，F. 德博尔德
上：木筏，巴基斯坦©科比斯－赛格玛／罗杰·伍德

93 上：印度河©科比斯－赛格玛／艾根布赖特
中：鳄鱼，F. 德博尔德
下：船，希腊式花瓶上的黑色图像，公元前 6 世纪至公元前 4 世纪，陶瓷，罗浮宫，巴黎©法国国家博物馆联合会／比洛

104 左：阿施塔特，

雪花石膏雕像，公元前 3 世纪至公元前 2 世纪，罗浮宫，巴黎©法国国家博物馆联合会／P. 贝尔纳
中：腓尼基的丰饶女神，塔纳格拉小塑像，罗浮宫，巴黎©法国国家博物馆联合会／莱万多夫斯基
下：有红色图像的花瓶，婚礼前的准备工作，公元前 420 年至公元前 410 年。罗浮宫，巴黎©法国国家博物馆联合会／莱万多夫斯基

105 上：头戴花冠的女性，仿大理石雕像，公元前 5 世纪至公元前 4 世纪，哈达，巴基斯坦©法国国家博物馆联合会／理查·兰伯特
右：亚马孙女战士，铜像，公元前 5 世纪，大英博物馆，伦敦©布里奇曼艺术图书馆／吉罗东

114 左上：有黑色图像的双耳尖底瓮，赫拉克勒斯进入奥林匹亚竞技场，公元前 6 世纪至公元前 3 世纪，罗浮宫，巴黎©

法国国家博物馆联合会／莱万多夫斯基
下：西西里的祭坛，赫拉克勒斯和海神，陶瓦，罗浮宫，巴黎©法国国家博物馆联合会／莱万多夫斯基
右：同上

115 中：戴头盔的亚历山大大帝，大理石雕像，公元 2 世纪。罗浮宫，巴黎©法国国家博物馆联合会／比洛
右：雕刻了亚历山大的石棺，大理石，公元前 4 世纪，考古博物馆，伊斯坦布尔©穆格努姆／E. 莱辛

116 潜海的亚历山大，《亚历山大传奇》中的插图，公元 15 世纪，孔代博物馆，尚蒂伊©布里奇曼艺术图书馆／吉罗东

117 亚历山大升上天国，羊皮纸图画，公元 18 世纪至公元 19 世纪，埃塞俄比亚艺术作品，非洲和大洋洲艺术博物馆©法国国家博物馆联合会／G. 维维安